Técnicas terapéuticas de la oración

Doctor Joseph Murphy

Técnicas terapéuticas de la oración

EDICIONES OBELISCO

Si este libro le ha interesado y desea que lo mantengamos informado de nuestras publicaciones, escríbanos indicándonos qué temas son de su interés (Astrología, Autoayuda, Ciencias Ocultas, Artes Marciales, Naturismo, Espiritualidad, Tradición...) y gustosamente le complaceremos.

Puede consultar nuestro catálogo en www.edicionesobelisco.com

Colección Psicología
TÉCNICAS TERAPÉUTICAS DE LA ORACIÓN
Doctor Joseph Murphy

1.ª edición: enero de 2008

Título original: *Techniques in prayer therapy*

Traducción: *A. C. P.*
Maquetación: *Natàlia Campillo*
Corrección: *Carolina Montoto*
Diseño de cubierta: *Marta Rovira*

Edita: Ediciones Obelisco, S. L.
Pere IV, 78 (Edif. Pedro IV) 3.ª planta 5.ª puerta.
08005 Barcelona - España
Tel. 93 309 85 25 - Fax 93 309 85 23
E-mail: obelisco@edicionesobelisco.com

Paracas, 59 C1275AFA Buenos Aires - Argentina
Tel. (541-14) 305 06 33 - Fax: (541-14) 304 78 20

ISBN: 978-84-9777-428-4
Depósito Legal: B-314-2008

Printed in Spain

Impreso en España en los talleres gráficos de Romanyà/Valls S. A.
Verdaguer, 1 - 08786 Capellades (Barcelona)

Introducción

Al orar suceden cosas prodigiosas

Este libro se ha escrito con el fin de contarte cómo alcanzar la fuente de tu bienestar y lograr resultados apetecibles por medio de una oración eficaz.

¿Sabes cómo orar? ¿Cuánto tiempo hace que no has orado como parte de tu rutina diaria? En una emergencia, en situaciones de peligro o problemáticas, en el caso de una enfermedad grave, y cuando la muerte está al acecho, las oraciones fluyen de modo espontáneo, tanto tus oraciones como las de tus amigos. Basta leer los periódicos. Todos los días aparece que por todo el mundo se elevan oraciones por un niño con una enfermedad incurable o por la paz entre las naciones o por un grupo de mineros atrapados en el derrumbe de una mina. Luego llega la información de que, al ser rescatados, los mineros explicaron que rezaban y cantaban mientras esperaban su salvación; el piloto de un avión confiesa que oraba en el momento de realizar con éxito un aterrizaje de emergencia.

Es verdad que la oración es una ayuda siempre a mano en tiempos difíciles, pero no tienes que esperar a que éstos lleguen para convertir la oración en una parte integral y positiva de tu vida. Las respuestas espectaculares a la oración son noticia de primera plana y un testimonio de su eficacia. Pero ¿qué hay de las oraciones sencillas de los niños, del simple dar gracias antes de las comidas, de las devociones sinceras de quienes sólo buscan comunicarse con Dios?

Mi trabajo me ha obligado a estudiar varios enfoques de la oración. He experimentado en mí mismo su poder y he hablado y trabajado con mucha gente que también se ha beneficiado con la ayuda de la oración. La cuestión radica, por lo general, en cómo explicar a los demás la manera de orar. La oración es una comunicación íntima y personal. Quienes tienen problemas muestran cierta dificultad en pensar y actuar de una manera racional. Necesitan una fórmula sencilla de aplicar, un modelo claramente manejable que sea simple y concreto. A menudo a esta clase de personas se las tiene que ayudar a que encaren una emergencia.

Las Sagradas Escrituras nos advierten de que oremos sin cesar. Puedes hacer de la oración un factor constante y positivo en tu vida. La oración puede traer éxito a tu vida, puede preservar tu salud y te permite ayudar mejor a los demás. Las fuerzas que convierten la oración en algo eficaz son universales. No se trata de la técnica sola y el procedimiento de orar lo que causa que la inteligencia infinita responda; más bien *es de acuerdo con nuestra fe* (o aceptación mental completa) que nos llegará la respuesta. Todos nosotros acudimos al mismo principio de sanación. Por supuesto, una técnica basada en la comprensión de lo que estamos haciendo y por qué lo estamos haciendo nos ayudará a incorporar de modo personal y subjetivo nuestros deseos. Ésta es la razón por la cual voy a sugerir técnicas y fórmulas para orar que han funcionado bien.

Emerson* definió la oración como *«la contemplación de las verdades de la vida desde una perspectiva superior»*. La Biblia nos enseña a enfocar nuestras mentes y nuestra atención hacia algunas verdades selectas, como *«todo cuanto hay de verdadero, de noble, de justo, de puro, de amable, de honorable, todo cuanto sea virtud y cosa digna de elogio, todo eso tenedlo en cuenta»* (Flp 4,8).** En esencia, la oración que ha sido respondida es la realización del deseo del corazón.

Todos oran porque el deseo es oración. Todos deseamos salud, felicidad, seguridad, paz del espíritu, comunicación auténtica, etcétera, pero muchos fracasan en conseguir resultados bien determinados. Un profesor universitario me manifestó hace poco: «Sé que he modificado mis pautas mentales y que he redimensionado mi vida emocional, me he liberado de mis úlceras, pero no poseo ninguna técnica, método o *modus operandi*. Mi mente deambula de aquí para allá por encima de todos los problemas que tengo y me siento frustrado, fracasado e infeliz». Este profesor deseaba tener salud perfecta; necesitaba el conocimiento de las leyes mentales y espirituales que le permitieran cumplir sus deseos.

En este libro se facilitan las técnicas y las fórmulas que te permitirán comprobar la conocida verdad bíblica: *«Todo*

* (N. del T.) Ralph Waldo Emerson fue un poeta, conferenciante y ensayista estadounidense (1803-1882), nacido en Boston, Massachusets.

** (N. del T.) Traducción literal tomada de la Biblia de Jerusalén. En adelante, si no se dice nada en sentido contrario, todas las citas bíblicas estarán tomadas de esta Biblia, publicada por la editorial Desclée de Brouwer, Bilbao, 1967.

cuanto pidáis en la oración, creed que ya lo habéis recibido y lo obtendréis» (Mc 11,24). Aquí Jesús establece de modo categórico, enfático e inequívoco que todo lo que tenemos que hacer es creer; por lo tanto, la ley detrás de una oración escuchada es la ley de la fe. La fe no se funda en ningún credo, dogma, institución, organización, iglesia o persona en particular, sino que se basa en la realización de una ley creadora universal que mantiene el mundo y todas las cosas que éste contiene.

Creer es aceptar algo como verdadero. Todo lo que el razonamiento consciente del hombre acepta como verdadero genera una reacción correlativa de su mente subconsciente que es una con la inteligencia y el poder infinitos de Dios. La mente subconsciente construye a partir de lo creativo, que es el resultado de la clase de pensamiento de cada uno y que da lugar a condiciones, experiencias y sucesos a imagen y semejanza de las pautas mentales habituales; esto prueba la verdad expresada tan concisamente en la Biblia: *«Cual es su pensamiento en su corazón, tal es él».*[*]

No es en lo que se cree lo que produce una respuesta a la oración; ésta ocurre cuando la mente subconsciente del que ora responde al cuadro mental o al pensamiento de su mente. Esta ley de fe funciona en todas las religiones del mundo y es la razón por la cual todas son verdaderas desde el punto de vista psicológico. Los budistas, los cristianos, los musulmanes y los judíos, todos ellos obtienen

* (N. del T.) Pr 23,7. Cita tomada literalmente de la santa Biblia, versión de Casiodoro de la Reina, revisada por Cipriano de Varela. Sociedades Bíblicas Unidas, Brasil, 1960. El versículo en español de la Biblia de Jerusalén difiere notablemente de esta traducción.

respuestas a sus oraciones sólo por su fe o por su aceptación y receptividad mentales sobre aquello por lo que están orando, no por su credo, religión, afiliación, ritos, ceremonias, fórmulas, liturgia, sortilegios, sacrificios u ofrendas particulares.

La ley de la vida es la ley de la fe, y la fe se puede sintetizar como un pensamiento de la mente. Como un hombre piensa, siente y se comporta, así es la condición de su mente, cuerpo y circunstancias.

Existe sólo un principio creador que opera en el mundo. Responde a todos y no hace acepción de personas. La naturaleza de este principio creador es su disposición responsiva. A medida que utilices las técnicas simples esbozadas en este libro, descubrirás una fuerza dentro de ti que te puede sacar de un estado de frustración, enfermedad, soledad, desarmonía o pobreza y te puede lanzar al camino cierto de la libertad, de la felicidad y de una salud óptima. La inteligencia creadora existe antes de que tú nacieras, antes de que hubiera alguna iglesia en el mundo; las grandes y eternas verdades de la vida anteceden a todas las religiones. Con estos pensamientos en mente te exhorto a que en los siguientes capítulos te apoderes de esa maravillosa, mágica, sanativa y transformadora fuerza que remedia las heridas mentales y físicas, que proclama la libertad para la mente llena de temores y que te libera por completo de las limitaciones de pobreza, fracaso, sufrimiento, carencias y confusión. Todo lo que tienes que hacer es unirte mental y emocionalmente con esa fuerza creadora y dejar que sucedan prodigios mientras oras.

Capítulo uno

La oración crea pautas positivas

No es nada difícil la oración. Quien lea este libro y aplique los principios que se establecen en él será capaz de orar con eficacia para sí y para los demás. La oración verdadera utiliza la ley universal de la acción y reacción. El pensamiento es acción incipiente; la reacción es la respuesta desde una mente más profunda, que se corresponde con la naturaleza del pensamiento. Piensa bien, y el bien seguirá a continuación; piensa mal, y el mal seguirá a continuación.

Cuando oras, estás estableciendo un determinado modelo de pensamiento o imagen mental en la mente creadora universal que acepta lo que tú mismo de modo consciente crees que es verdadero. La ley creadora sabe exactamente cómo convertir pensamientos en cosas y comenzará a realizar las pautas de pensamiento que ha recibido; los resultados se podrán observar como forma, función, experiencia o suceso.

Los siguientes, son ejemplos de una oración eficaz.

Confiaba en Dios

Un artículo publicado en un diario de una ciudad de los Estados Unidos de América comentaba sobre un joven en la guerra de Corea que se salvó de milagro de una muerte segura repitiendo los versículos del Salmo 23. Las balas silbaban a su alrededor, todos sus compañeros habían muerto, sus piernas temblaban mientras rezaba en voz alta: *«Yahveh es mi pastor, nada me falta. Por prados de fresca hierba me apacienta; hacia las aguas de reposo me conduce, y conforta mi alma…»*. Dentro de sí sentía una gran paz y confianza profundas; salió ileso y encontró un camino para salvarse y quedar libre. La inteligencia infinita dentro de él había respondido a sus oraciones de fe y confianza.

Pensaba en Dios

Una mujer mayor que escuchaba con regularidad el programa de radio que dirigí en el sur de California durante muchos años, me escribió y me contó que había aprendido a orar por medio de nuestro programa, los domingos por la mañana, de terapia de la oración. Me informaba de que había anotado en un trozo de papel todo lo que se le había enseñado sobre Dios: Dios es inteligencia infinita, amor ilimitado, omnipotencia, sabiduría infinita, belleza indescriptible, armonía absoluta e inteligencia creadora, que había formado y revitalizado su cuerpo con todos sus órganos. Cada mañana y tarde, durante cinco o diez minutos, ella con tranquilidad pensaba sólo y, con un inquebrantable interés, en estas cualidades y atributos divinos; reclamaba en silencio que su mente absorbiera estas verdades. Antes de terminar el mes, un crecimiento tumoral que tenía había desaparecido por completo, como se comprobó por rayos X y el examen físico efectuado por su médico.

Esta mujer no tuvo un tratamiento directo contra el crecimiento tumoral, resultado de sus anteriores pautas de pensamiento. A medida que fue ocupando su mente con afirmaciones verdaderas, se produjo el cambio correspondiente en su cuerpo. Ella prosiguió con el proceso de apartar de su mente los pensamientos negativos pensando en Dios y en el amor divino, lo que al fin modificó su condición.

El arte de la oración

Si alcanzas la maestría en el arte de orar, empieza a adherir de inmediato, mental y afectivamente, a una idea, a un plan o a un objetivo. Sin que haya transcurrido mucho tiempo empezarás a experimentar pruebas concretas de la reacción corporal a tus pensamientos. No dejes, sin embargo, tus oraciones con los primeros resultados. Debes continuar orando con la convicción de que estás manipulando una ley mental y espiritual, que responde a tu actividad de la mente, y que te mantiene en un estado de paz. Recuerda que toda idea sobre la que medites y sientas que es verdadera se desarrolla en tu subconsciente y se expresa en tu vida. Saber lo que haces y por qué lo haces te brindará fe y confianza para tu vida de oración.

La oración: un cambio mental

En la oración experimentas un cambio mental al mismo tiempo que descubres lo que es la verdad, y tu mente empieza a acomodarse a esta verdad. La oración revela la verdad de que Dios es el ser superior y omnipotente que resuelve todos los problemas humanos. No importa la clase de dificultad por la que estés atravesando ni tampoco lo complicado que te parezca una situación, la oración puede aportar la solución y el arreglo armonioso de tus asuntos, según el orden divino.

La oración no es una acción para pedir a Dios algo ni es un forcejeo por cambiar la voluntad de Dios. La oración sólo modifica las condiciones de tu propia mente. La oración no es un tímido acercamiento a Dios en el espacio infinito, pidiéndole, implorándole, suplicándole que conceda un favor; más bien, la oración es el esfuerzo positivo del hombre que actúa con la fe y confianza fervientes de que Dios, inteligencia infinita, le responderá de acuerdo con la índole de los pensamientos representados en su mente. La respuesta a la oración reside en la mente de cada uno, basada en la afirmación: «*Hágase en vosotros según vuestra fe*».* *La oración es la práctica de la presencia de Dios* en tu vida y en todos los asuntos que te conciernen. Por la fe, Dios está donde tú estás y habla siempre a través de tu persona.

Tú oras cuando piensas en Dios, en su amor y en su sabiduría, y cuando te sientes que eres uno con Él. Del mismo modo, estás orando cuando estás leyendo o meditando en las verdades espirituales de las Sagradas Escrituras o de cualquier otro libro espiritual.

Muchas personas rezan centenares de veces durante el día al proclamar en silencio, mientras se ocupan de sus negocios, que Dios las guía y dirige, y actúa en todo momento por su intermedio, y que vela por ellas en todos sus

* (N. del T.) Jesús pronuncia esta sentencia para los dos ciegos que cura en Mt 9,29.

emprendimientos. A menudo se describe la oración como *la práctica de la presencia de Dios,* lo cual significa que constatas que la inteligencia y sabiduría divinas están trabajando a través de ti y que dan soluciones armoniosas donde parecía existir un problema. Esta actitud mental convierte las dificultades en algo armonioso. Puedes practicar la presencia de Dios haciendo todo desde el ángulo de la regla de oro y la ley del amor.

Dios responde

A pensamientos sabios le suceden hechos sabios. Un pensamiento sabio es saber que Dios o la inteligencia infinita te está guiando ahora y que Él conoce la respuesta; por lo tanto, puedes afirmar con atrevimiento que conoces la respuesta. «*Antes de que me llamen, yo responderé*».* Cuando pides una respuesta a tus problemas, es absurdo que te olvides o no tomes en cuenta las cosas obvias y corrientes que hay que hacer. Toma todos los recaudos prácticos que te parezcan necesarios. Suplica por el consejo divino, y los pasos que tomes estarán dictados y gobernados por la sabiduría divina, que es la fe dominante de tu mente.

En la oración entras en contacto por medio de tu pensamiento con la presencia divina que habita dentro de ti y, habiendo hecho esto conscientemente, solicitas de su sabiduría, de su poder y de su inteligencia infinitos que resuelva las preocupaciones y dificultades que se cruzan en tu vida, comenzando por los problemas más complejos. La única manera aceptable de pedir por una solución a todos esos problemas consiste en saber y sentir que sólo el Dios

* (N. del T.) Is 65,24.

que mora dentro de ti tiene la respuesta, y porque esto es real, entonces te llegará la respuesta y recordarás la verdad de que *Él nunca te va a fallar*.

El significado de orar a Dios

La Biblia dice: *«Dios es espíritu, y los que adoran, deben adorarle en espíritu y verdad»* (Jn 4,24). *Adorar* significa que se honra a alguien como digno de recibir la consideración suprema. Esto quiere decir que estás dispuesto a brindar tu más alto tributo, lealtad y entrega al espíritu interior y a reconocerlo como el poder supremo y la esencia de todas las cosas. La concepción infantil de un Dios como un abuelo en los cielos sentado en un trono celestial debe dar paso a la realización de que Dios es la mente y el espíritu dentro de nosotros, que nos da vida y sostiene. Dios es vida. No vemos la vida, pero sentimos que estamos vivos.

El bien y el mal que experimentamos son sólo debidos a nuestra relación personal por medio de nuestro pensamiento con el principio vital que es para siempre completo, puro y perfecto en sí mismo. Asegúrate de no atribuir señorío a las cosas o bienes creados; acude a la causa de todo, al espíritu dentro de ti. Este espíritu o Dios está condicionado en tu vida a la clase de vida racional que tengas. Sólo existe un principio creador y fluye siempre a través de tus pautas habituales de pensamiento e imaginería. Ésta es la razón por la que haces o creas todas las experiencias, hechos y situaciones de tu vida según tu imagen y semejanza. Esto constituye la base de toda la oración, sea que empleemos esta ley de modo consciente o inconsciente.

No nos confundamos con las citas bíblicas de «Él» y «para Él» referidas a Dios. En tiempos remotos, los místicos hebreos usaban la palabra *Ello* cuando se referían a Dios, pero eso se interrumpió porque parecía falta de reverencia y respeto debidos al Padre de todas las cosas. En la Biblia hay alrededor de setenta y seis nombres, o quizá más, dados a Dios, que representan cualidades, atributos, características y poderes divinos.

Adoptar algunas posturas

En algunas partes del mundo, la gente practica una rígida disciplina física, hace ejercicios de respiración y gimnasia corporal, y adopta posturas extrañas y absurdas. Ante la ley creadora es completamente innecesario inclinar la cabeza, hacer genuflexiones o postrarse.

El principio vital no hace acepción de personas; no lo podemos engañar, sobornar o adular. Es ley autónoma. El camino hacia Dios no es por medio del cuerpo, es siempre y sólo a través de la mente y del corazón. La oración es eficaz por el deseo sincero del alma de unirse con Dios y reproducir sus cualidades y atributos aquí y ahora, de modo que pueda decir como Job: *«Y con mi carne veré a Dios»*.*

Así, dentro de la sabiduría del universo, las personas construyen pautas para sus asuntos y cuerpos al orar y anhelar la realización de la perfección de Dios en sus propias vidas. Este proceso es un modo instintivo y natural de orar. La persona respetuosa, que piensa con rectitud, actúa de acuerdo con los impulsos buenos que genera.

* (N. del T.) Jb 19,26. [T.]

Capítulo dos

Técnicas para orar

Cuando examinamos la oración, observamos que existen diferentes enfoques y métodos. En este libro no tomaremos en cuenta las oraciones rituales formales utilizadas en las ceremonias religiosas. Todas ellas tienen gran importancia en el culto comunitario. Pero nuestro interés directo serán los métodos de la oración personal para utilizarla en nuestra vida diaria y para poder ayudar a los demás.

La oración es la formulación de una idea que se refiere a algo que deseamos que se cumpla. Circunstancias e individuos determinan enfoques diferentes, pero todos deben establecer, en un claro pronunciamiento, cuál es el beneficio, la sanación o el propósito por el que hacen la oración.

La técnica de la visualización

El modo más sencillo y elemental para formular una idea es visualizarla, verla con el ojo de la mente tan vívidamente como si fuera real. Podemos ver a simple vista sólo lo que ya existe en el mundo externo; pero de modo semejante podemos visualizar con la mente lo que ya existe en el reino invisible de nuestras mentes. Toda imagen que tenemos en la mente es la base de las cosas a las que aspiramos y el testimonio de lo no visto. Todo aquello que creamos con nuestra imaginación es tan real como cualquier parte física de nuestro cuerpo. La idea y el pensamiento son reales y algún día aparecerán en nuestro mundo objetivo, si nos mantenemos fieles a nuestras imágenes mentales.

El proceso de pensar forma impresiones en nuestra mente; a su vez, estas impresiones se manifiestan o expresan en la pantalla espacial como formas, funciones, hechos y experiencias. El constructor visualiza la clase de edificio que quiere; lo ve tal como desea que se termine. Sus imágenes y procesos mentales se convierten en el molde plástico del cual surgirá el edificio: hermoso u horrible, un rascacielos o una casita de poca altura. Su imaginación se proyecta y dibuja sobre papel; con el tiempo, el constructor con sus obreros reúnen los materiales esenciales para que el edificio progrese hasta que se termine y se ajuste plenamente al modelo mental del arquitecto.

Visualización creativa de un auditorio

Todos los domingos utilizo la técnica de la visualización antes de hablar en público; pongo en orden mi mente de modo que pueda mostrar al subconsciente las imágenes de mis pensamientos; luego me represento todo el auditorio y todas las sillas ocupadas por hombres y mujeres, y cada uno de ellos iluminado e inspirado por la presencia sanadora de Dios. Los contemplo radiantes, felices y libres.

Después de haber construido esta idea en mi imaginación, la retengo ahí de manera sosegada, como en un cuadro mental, mientras me imagino que oigo a los hombres y mujeres exclamar en voz alta: «estoy curado», «me siento fantástico», «he sanado de repente», «me he transformado», etcétera. Mantengo esto por unos diez minutos o un poco más, sabiendo y sintiendo que cada persona es un tabernáculo de la presencia de Dios y que el amor divino impregna todas las mentes y cuerpos, y los hace puros, serenos y perfectos. Llego hasta el punto en donde realmente puedo oír las voces imaginarias de la multitud que proclama la gloria de Dios; entonces dejo de lado todo ese cuadro y camino hacia la plataforma. Casi cada domingo me para alguien y me dice que sus oraciones han sido escuchadas.

El método de la película mental

Los chinos dicen: «Una imagen vale más que mil palabras». William James, el padre de la psicología norteamericana, hacía énfasis en el hecho de que el subconsciente se prestará a pasar cualquier imagen que aparezca en la mente si aquélla es respaldada por la fe. «Actúa como si fueras, y lograrás ser.»

Hace algunos años estaba dando conferencias por algunas ciudades de los Estados Unidos y deseaba tener un lugar permanente. Una tarde, en un hotel de Spokone, en el estado de Washington, me senté completamente relajado en el sofá, con mi atención fija en algún punto; de forma tranquila y pasiva me imaginaba que estaba hablando a un extenso auditorio diciéndole en verdad: «Estoy contento de estar aquí. He rezado por esta ocasión y por esta feligresía ideal». Pude ver con mi mente ese público imaginario y sentí la realidad de todo esto. Encarné el papel de un actor, representé esta película mental y me sentí satisfecho de que esta imagen fuera transmitida a mi subconsciente, el cual permitiría que me sucediera, a su manera. A la mañana siguiente, al levantarme, me sentí lleno de paz y satisfecho; unos pocos días después recibí un telegrama donde se me pedía que me hiciera cargo de una iglesia en el Oeste norteamericano, lo cual acepté y disfruté inmensamente durante unos cuantos años.

El método esbozado aquí atrae a muchas personas que lo denominan como el «método de la película mental». He recibido muchas cartas de gente que escucha por radio mis conferencias y charlas los domingos por la mañana y me cuenta de los resultados fantásticos que ha obtenido usando esta técnica para la venta de sus propiedades. Sugiero que quienes tengan casas o inmuebles para vender acepten en su mente que el precio establecido es el justo; luego pidan a la inteligencia infinita que les acerque el comprador que verdaderamente quiere tener esa propiedad, quien la apreciará y prosperará con ella.

Después de haber hecho todo esto, sugiero que se tranquilicen, se relajen y se sumerjan en un estado somnoliento donde el esfuerzo mental se reduzca al mínimo; entonces, se tienen que imaginar con el cheque en las manos, alegrarse por el cheque, dar gracias por él e irse a dormir con la sensación de naturalidad por toda la película mental que han creado en su mente. Deben actuar como si se tratara de una realidad objetiva y el subconsciente la recibirá como una pista. A través de las los canales profundos de la mente, comprador y vendedor se encontrarán juntos. El cuadro imaginativo, creado en la mente y sostenido por la fe, se hará realidad.

La técnica de Baudoin

Charles Baudoin fue profesor del instituto Rousseau de Francia. Psicoterapeuta brillante y director de investigaciones en la nueva escuela de Salud de Nancy, en 1910 enseñaba que el mejor método para dejar una impronta en el subconsciente consistía en entrar en un estado de ensoñación, de sopor, o en un estado semejante al del sueño, donde todo esfuerzo se reduzca al mínimo. Entonces, de modo tranquilo, pasivo y receptivo, por reflexión, se podía transmitir una idea concreta al subconsciente. Su fórmula era la siguiente: «Un modo simple de asegurar esto, es decir, que el subconsciente se impregne, es compendiar la idea, objeto de la sugestión, resumirla en una frase breve que se pueda grabar con facilidad en la memoria y repetirla una y otra vez como si se tratara de una letanía».

Baudoin hacía énfasis en el hecho de que cuando se entra en «un estado semejante al del sueño» (estado intermedio entre vigilia y sueño) el esfuerzo se reduce al mínimo y se puede enfocar la atención en las cosas buenas con serenidad y sin tensión. Podemos inducir esta condición por medio del estado de somnolencia.

Innumerables experimentos sobre seres humanos han demostrado que el subconsciente acepta toda idea, sugerencia o cuadro mental que sea percibido como verdadero por la mente consciente, y elaborará hasta en los más mínimos detalles las resoluciones que hayan fluido de ella. El subconsciente está sometido del todo al control de la mente consciente u objetiva. En los resultados finales reproduce y expresa con suma fidelidad todo lo que la mente consciente le ha impreso.

Aplicaciones prácticas de la técnica de Baudoin

El año pasado, una mujer de una de nuestras clases estaba enredada en un largo y desagradable juicio familiar por una herencia. Su esposo le había legado su patrimonio completo y los hijos e hijas de él estaban luchando con ahínco para destruir este testamento. Se le explicó en detalle la técnica de Baudoin y esto es lo que la mujer hizo: relajó su cuerpo en una butaca, entró en un estado de ensoñación y, tal como ya se ha indicado, resumió la idea de su necesidad en una frase que consistía en cinco palabras que grabó con facilidad en su memoria: «Terminará según el orden divino». Para ella, estas palabras significaban que la inteligencia infinita, operando por medio de la ley divina (la mente subconsciente), produciría un ajuste armonioso según el orden divino. Prosiguió con este procedimiento cada noche durante diez días; cuando llegaba a ese estado de ensoñación, afirmaba de modo lento, tranquilo y con mucho sentimiento la sentencia, «terminará según el orden divino», una y otra vez, sintiendo una íntima paz y un abandono de sí; después caía en un normal y profundo sueño.

A la mañana del undécimo día en que utilizó esta técnica, despertó con una sensación de bienestar, con la convicción de que todo se había *terminado.* Su abogado la llamó ese mismo día y la avisó de que el abogado de la otra parte y sus clientes estaban dispuestos a una conciliación. Se logró un arreglo justo y con ello concluyó el litigio.

La técnica del ensueño

Al entrar en un estado de ensoñación y sopor, el esfuerzo se reduce al mínimo. En un estado semejante lo consciente queda en gran medida suprimido. La razón de esto reside en que lo que aparece en mayor cantidad en el subconsciente ocurre antes del sueño y justo en el momento de despertar. En ese estado, los pensamientos negativos, que tienden a neutralizar el deseo y así impedir la aceptación por parte del subconsciente, ya no surgen más.

La técnica del ensueño y los hábitos destructivos

Adopta una posición cómoda, relaja tu cuerpo y mantente quieto. Entra en un estado de ensoñación y en ese estado repite con calma una y otra vez, como si fuera una letanía: «Estoy completamente libre de este hábito; mi sobriedad y salud mental son invencibles». Repítelo despacio, con calma y amor, durante cinco o diez minutos, por la noche y a la mañana. Cada vez que repitas esta frase, su fuerza emotiva se volverá mayor. Cuando el apremio se presente, repite la misma fórmula en voz alta para ti mismo. Por este medio estimulas al subconsciente para que acepte esta idea; a continuación sigue la curación.

Soluciona problemas mientras duermes

Durante el transcurso de una entrevista, un joven me preguntó cómo podía encontrar el testamento de su padre. Al parecer, había muerto sin dejar rastro del testamento. La hermana del joven le dijo que su padre le había confiado que había hecho un testamento y que éste era justo para todos. Fracasaron todos los intentos para localizarlo. Le sugerí que transfiriera su demanda al subconsciente, por la noche, antes de dormir. El método que utilizó fue el siguiente: «Ahora paso mi petición al subconsciente; éste sabe dónde está el testamento y me lo va a revelar». Condensó su pedido en una sola palabra: «Respóndeme».

Repitió esta oración una y otra vez como una letanía. Durante algunas noches se quedó adormecido diciendo: «Respóndeme». A los pocos días tuvo un sueño muy vívido y real. Vio el nombre y la dirección de un banco. Fue allí y se encontró en la bóveda de seguridad una caja fuerte a nombre de su padre. Ésta fue la respuesta a su oración.

La técnica bíblica

«Todo cuanto pidáis en la oración, creed que ya lo habéis recibido y lo obtendréis» (Mc 11,24). Nota la diferencia en los tiempos de los verbos. El escritor sagrado nos dice que creamos y aceptemos como verdadero el hecho de que nuestro deseo ya ha sido cumplido y realizado, que ya se ha consumado y que su obtención será algo que sucederá en el futuro.

El éxito de esta técnica depende de la firme convicción de que pensamiento, idea e imagen ya son un hecho en la mente, y que para que algo tenga un fundamento en el campo de la mente, se tiene que aceptar que realmente existe ahí.

En unas pocas palabras crípticas se encuentran las líneas directrices, concretas y específicas para utilizar el poder creador del pensamiento por medio de la impresión en el subconsciente de lo que deseamos en particular. Tu pensamiento, idea, plan o propósito son tan reales en su plano correspondiente como tu mano o tu corazón. Siguiendo la técnica bíblica, eliminas por completo de tu mente toda consideración sobre las condiciones, circunstancias o todo lo que pueda llevar aparejado contingencias adversas. Puedes plantar una semilla (un concepto) en la mente que, si se mantiene sin que la trastoquen, de modo infalible producirá frutos externos.

Un anillo perdido

Estoy escribiendo este capítulo en el hermoso Pozo de los Deseos en Rancho Santa Fe de California, casi 35 kilómetros al sur de Los Ángeles. Una de las invitadas perdió un anillo de diamantes muy valioso. Salió a dar un paseo a caballo y a su regreso se dio cuenta de que lo había perdido. Siguiendo mi consejo, oró así: «La inteligencia infinita conoce dónde está el anillo. No existe la pérdida a menos de que la admita mentalmente, porque toda experiencia proviene a través de mi mente. Estoy segura de que la inteligencia infinita me revelará ahora el lugar donde está el anillo. Lo veo en mi dedo. Lo toco y sé que es el mío. Creo que ahora lo tengo. Acepto esto en mi mente, pues mi pensamiento es tan real como el anillo».

Durante unos pocos minutos recitó tranquilamente la oración y de inmediato sintió la necesidad urgente de recorrer una de las sendas por donde había cabalgado. El caballo se detuvo justo en el sitio exacto donde estaba el anillo. La mente subjetiva opera a través de toda la naturaleza, incluido el caballo. Los caminos del subconsciente no son siempre obvios. Este incidente ilustra la ley del creer y de los resultados que siguen de modo ineludible.

La causa del fracaso en obtener resultados

Nuestro fracaso en obtener el resultado apetecido siempre se debe a nuestra desconfianza en la ley del crecimiento. Si ponemos una semilla en la tierra, crecerá. Si nos desesperamos, si nos inquietamos y preocupamos, si nos ponemos ansiosos, de hecho estamos negando el poder germinativo de la idea implantada en nuestra mente. Las dudas o temores son pensamientos opuestos a nuestro deseo, los cuales, si los consentimos, neutralizan nuestra primera intención y ésta acaba por desintegrarse por completo. Tenemos que apartar estos pensamientos negativos de dudas y temores que sólo dan por resultado lo contrario a lo que estamos pidiendo en la oración. La ley del creer, tal como se explica y elabora en la Biblia, consiste en sentir placer y satisfacción al anticipar los resultados ciertos de nuestros deseos.

La técnica del «muchas gracias»

Se recomienda que acompañemos nuestras peticiones a Dios con muestras de veneración y agradecimiento. Con este simple método de oración se consiguen resultados extraordinarios. El corazón agradecido está siempre cerca de las fuerzas creadoras del universo y consigue que nos lleguen innumerables bendiciones por la ley de la relación recíproca que se basa en la ley cósmica de la acción y reacción.

El padre promete a su hijo un coche cuando se gradúe; el hijo todavía no ha recibido el coche, pero está muy agradecido y contento, y está tan feliz como si ya lo tuviera. Sabe que su padre cumplirá la promesa y está agradecido y alegre, aun cuando todavía no le han regalado el coche, objetivamente hablando. Pero ya lo ha aceptado en su mente con alegría y agradecimiento.

Muchas veces te habrá ocurrido ir a una tienda para comprar un abrigo o una bufanda. Y, aunque no tengan exactamente lo que estás buscando, especificas lo que quieres y pagas por adelantado. El empleado te dice que te lo enviarán en cuanto lo tengan. Tú le agradeces al empleado o al dueño de la tienda y sales a la calle sin el abrigo ni la bufanda. Pero estás absolutamente seguro de que recibirás al poco tiempo la prenda de ropa que has encargado, porque confías y crees en la probidad y honradez de la persona que trabaja en ese establecimiento. ¡Cuánto más debemos confiar en la ley infinita y creadora que nunca se contradice y que responde con total fidelidad cuando encuentra fe y confianza!

Funcionó para el señor Malgrat

Daré un ejemplo de cómo el señor Malgrat aplicó esta técnica con excelentes resultados. Pensaba para sí: «Las deudas se me están amontonando. Estoy sin trabajo, tengo tres hijos y ni una moneda. ¿Qué haré?». Cada mañana y noche, con regularidad, durante un período de casi tres semanas, repitió de modo tranquilo y relajado las siguientes palabras: «Gracias, Padre, por la ley de la abundancia», hasta que un sentimiento o clima de agradecimiento se apoderaba de él. Se imaginaba que se dirigía al ser infinito, sabiendo, por supuesto, que no podía ver a Dios. Pero veía con el ojo interno de su percepción espiritual y se daba cuenta de que la imagen mental de la riqueza era el primer eslabón en relación con el dinero, posición y alimentos que necesitaba.

Este sentimiento mental era la base de la riqueza, libre de condicionamientos previos de cualquier clase. Al repetir «gracias, Padre» una y otra vez, su mente y corazón se elevaban hasta el punto de aceptación; y cuando el temor, pensamientos de carencias, de pobreza, de preocupaciones acudían a su mente, decía «gracias, Padre» tantas veces cuantas fuera necesario. Sabía que mientras mantuviera su *actitud agradecida,* sería capaz de reacondicionar su mente a la idea de la riqueza; lo cual fue lo que sucedió. Se tropezó en la calle con un antiguo jefe, a quien no había visto durante veinte años; éste le ofreció un puesto lucrativo y le adelantó una fuerte suma a modo de préstamo momentáneo. Hoy en día el señor Malgrat es el vicepresidente de la corporación en la que trabaja. La última observación que me hizo fue: «Nunca me olvidaré del milagro del "gracias, Padre". Ha realizado portentos conmigo».

Por qué funcionó esta técnica

Todas las cosas materiales *han de tener* su origen en el invisible, en el espíritu; toda la creación es una prueba de las imágenes e ideas mentales en la mente divina, que toman forma según la ley creadora. Sólo existe un proceso creador y nosotros, por medio de nuestros pensamientos, ponemos en movimiento esta ley creadora. Podemos usarla de manera consciente o inconsciente; sin embargo, siempre estamos utilizando esta ley creadora por la simple razón de que siempre le estamos imponiendo algunas ideas e imágenes mentales, seamos o no conscientes de ello. Todas nuestras limitaciones presentes son el resultado de haber impreso con frecuencia en nuestra mente subconsciente ideas de restricción, sometimiento y falta de libertad de todo tipo. Cuando nos damos cuenta de que nuestra condición y circunstancias nunca son las verdaderas causas reales, sino sólo el resultado de pensamientos previos, transformamos nuestro modo de pensar y consideramos que nuestro ideal es real; y, mientras mental y emocionalmente nos unimos con el ideal en nuestro interior, modificamos las manifestaciones externas para coincidir con las imágenes internas mentales, y así cambiamos el mundo.

El método afirmativo

La eficacia de la afirmación reside en la aplicación inteligente de los aspectos positivos, concretos y específicos. Por ejemplo, un escolar suma tres y tres y pone siete en la pizarra. El maestro afirma con certeza matemática que tres y tres son seis, y el alumno, en consecuencia, corrige los números. De la misma manera, cuando afirmamos algo como verdadero de una persona, tenemos que ajustarnos a principios auténticos, prescindiendo de las apariencias. El poder del proceso afirmativo depende de la fe y comprensión de la persona que afirma.

El método afirmativo sana enfermedades graves de la vesícula

Este método lo empleé con mi hermana, que había sido operada de cálculos biliares, basado en el diagnóstico del hospital por análisis clínicos y controles usuales con rayos x. Me pidió que rezara por ella. Geográficamente vivimos separados a una distancia de unos diez kilómetros, pero no existe tiempo ni espacio para la mente. El espíritu o la mente están presentes en su plenitud en cada lugar y en forma simultánea.

En el tratamiento por la oración en favor de otra persona, se debe retirar todo pensamiento sobre su personalidad material y también apartar al mismo tiempo toda reflexión sobre los síntomas; se tiene que pensar en la persona como puro espíritu, que muestra la vitalidad, totalidad, belleza y perfección de ese espíritu.

Mi afirmación es la siguiente:

> *Este tratamiento por la oración es a favor de mi hermana Kate, quien está relajada y tranquila, bien dispuesta, equilibrada, serena y en calma. Su mente y espíritu son la mente y el espíritu de Dios. La inteligencia sanadora que creó su cuerpo está ahora transformando cada una de las células, y cada uno de los nervios, tejidos, músculos y huesos de su humanidad en el modelo perfecto divino. En silencio, sin hacer ruido, se alejan y desvanecen todas las pautas de pensamientos perturbadores; y la totalidad y belleza del espíritu se manifiestan en cada átomo de su ser. Ahora ella se abre y se vuelve receptiva a la presencia sanadora que fluye a su través como un río, que le restaura a la perfección la salud, la armonía y la paz. En este instante desaparecen todas las distorsiones e imaginaciones desagradables con el infinito océano de amor y paz que le fluye, y esto es la verdad.*

Varias veces al día decía las afirmaciones de este párrafo y al final de la segunda semana, cuando examinaron clínicamente de nuevo a mi hermana, se observó una notable mejoría y los rayos X dieron resultado negativo.

Afirmar es determinar que eso es verdad, y así, en tanto mantienes esta actitud mental como verdadera, prescindiendo de la evidencia en contra, obtendrás la respuesta a tu oración. Tu pensamiento sólo puede afirmar, pues aun cuando niegues algo, de hecho estás afirmando la existencia de lo que niegas. Repetir una afirmación, sabiendo qué se dice y por qué se la dice, lleva la mente a un estado consciente en el que ésta acepta lo que se ha afirmado como verdadero. Continúa afirmando la verdad hasta lograr la reacción subconsciente que satisfaga.

La técnica de la argumentación

La técnica consiste precisamente en lo que las palabras indican. Proviene del método del doctor Phineas Parkhurst Quimby, del estado de Maine, Estados Unidos de América. El docor Quimby fue pionero en la sanación mental y espiritual; vivió y practicó la sanación en Belfast, Maine, hace cien años. Estudió el mesmerismo durante unos siete años para entender cómo funcionaba la mente, y a partir de entonces lo abandonó a favor de la sanación espiritual. Obtuvo resultados sorprendentes por medio de la terapia de la oración para con todas las variantes de las llamadas enfermedades incurables. Su obra, *Quimby's Manuscripts* [Los manuscritos de Quimby], editada en 1969 por Horatio Dresser, está aun disponible en inglés en muchas partes.* El libro reúne referencias periodísticas de los sorprendentes resultados obtenidos por este hombre de todas las enfermedades por medio del tratamiento con la oración. Quimby repitió muchas de las curaciones milagrosas registradas en la Biblia. Solía pedir a los enfermos con tuberculosis, u otras enfermedades malignas, que le permitieran presentar sus casos ante el gran tribunal divino, porque si ellos tenían fe y confianza en su persona, él probaría que eran inocentes de cargos.

* (N. del T.) Horatio W. Dresser (comp.): Quimby Manuscripts. Kessinger Publ., Los Ángeles, Ca., 2003.

En resumen, el método de la argumentación consiste en un razonamiento espiritual donde tú mismo te convences de que el paciente es una víctima de creencias falsas y temores infundados; de que la enfermedad y la dolencia son causadas sólo por una pauta de pensamiento, deformada y alterada, que se ha enquistado en su cuerpo; esta creencia falsa en una causa y poder externos se manifiesta luego en una enfermedad; se puede modificar por el conocimiento de la ley que enseña que sólo existe una causa primera: el espíritu vivo de Dios, y el espíritu nunca puede estar enfermo, frustrado o insatisfecho. El espíritu no está condicionado, no tiene trabas por situaciones de la clase que sean ni está sujeto a enfermedades.

Las bases de toda sanación es el cambio de creencia. Racionalmente entiendes que la inteligencia infinita ha creado el cuerpo y todos sus órganos, y, por tanto, sabe cómo sanar, puede sanar y lo hace ahora mientras tú hablas. Tú arguyes en un tribunal mental que la enfermedad es una sombra de la mente, que tiene su base en un pensamiento e imaginería enfermizos, embebidos en la enfermedad. Prosigues armando todas las pruebas que puedas reunir a favor del poder de la presencia sanadora que ha creado, en primer lugar, todos los órganos y tiene el modelo perfecto de cada célula, nervio y tejido en sí. Después das el veredicto en la sala del tribunal mental en beneficio de tu paciente. Entonces liberas al enfermo por medio de la fe y la comprensión espiritual. Tus pruebas mentales y espirituales son abrumadoras; como existe una sola mente, lo que sientes que es verdadero se hará carne en la experiencia del otro. Hay una sola mente común a todos los hombres.

Ganó el debate

Hace poco, una persona que había oído nuestros programas de radio en Los Ángeles oró por su madre en Nueva York, quien había sufrido una trombosis coronaria. Rezó como sigue:

> *Dios es la única presencia y el único poder, la única realidad viviente, el espíritu viviente todopoderoso. Su presencia y poder están donde está mi madre. Dios es su vida y esa vida es ahora su vida. Su condición física no es sino un reflejo de su vida mental, como las sombras cubren la pantalla. Sé que para cambiar las imágenes de la pantalla debo cambiar la proyección del rollo de la película. Mi mente es el rollo a proyectar, y ahora proyecto en mi mente la salud total, armoniosa y perfecta de mi madre. La presencia infinita sanadora que creó el cuerpo y todos los órganos de mi madre está ahora impregnando todos los átomos de su ser y el río de su paz fluye a través de cada una de las células de su ser. Los médicos están guiados y dirigidos por la divinidad, y quienquiera que toque a mi madre está gobernado por la presencia que lo cubre todo. Sé que la enfermedad no es la realidad última; si así fuera, nadie podría ser curado. Yo ahora me alineo en las filas del principio infinito del amor y de la vida. Ahora conozco y determino que la armonía, la salud y la paz se están manifestando en el cuerpo de mi madre. No existe fuerza capaz de oponerse a la omnipotencia divina. La presencia sanadora de Dios está ahora mismo fluyendo a su través. Esto es maravilloso.*

Su madre se recuperó de forma admirable al cabo de unos pocos días, con gran sorpresa del especialista, que la felicitó por su fe en Dios. El método argumentativo de la oración por parte de la hija produjo algunas soluciones mentales y puso en movimiento la ley creadora de la mente hacia el lado subjetivo de la vida, la cual se mostró a través del cuerpo de la madre con una salud y armonía perfectas. Sólo existe una mente y lo que la hija sintió como verdadero acerca de su madre fue al mismo tiempo revivido por la experiencia de ésta.

El método absoluto

La persona que practica esta forma de tratamiento por la oración menciona el nombre del paciente, por ejemplo, Juan Mársal, y luego con tranquilidad y en silencio piensa en Dios, en sus cualidades y atributos, como que Dios es felicidad total, amor sin límites, inteligencia infinita, paz completa, sabiduría ilimitada, armonía absoluta y hermosura y perfección indescriptibles. Mientras piensa de modo sereno y sigue esta línea de pensamiento, es transportado en su conciencia a una nueva longitud de onda espiritual, y en ese momento siente que el océano infinito del amor de Dios está disolviendo ahora, en la mente y cuerpo de Juan Mársal, todo lo que no es Él. Y todo lo que le perturba y molesta se disuelve ahora por completo en la presencia del océano infinito del amor de Dios.

La terapia moderna de las ondas sonoras

El método absoluto de la oración se puede comparar con la terapia de las ondas sonoras o terapia sónica, de la que me hizo una demostración hace poco un conocido médico de Los Ángeles. Ha creado una máquina de ondas ultrasónicas que gira a una gran velocidad y envía ondas sonoras a cualquier parte del cuerpo a la que se la dirija. Estas ondas sonoras se pueden controlar y, me explicaba su inventor, los resultados espectaculares que se obtienen en la disolución de calcificaciones artríticas y en la curación y supresión de otros trastornos.

En la medida en que nos transportemos en la conciencia, contemplando las cualidades y atributos de Dios, generaremos, en verdad, ondas electrónicas espirituales de armonía, salud y paz. De este método absoluto de oración se siguen muchas curaciones espontáneas.

Un tullido camina

El doctor Phineas Parkhurst Quimby, del que hemos hablado antes, utilizó el método absoluto casi de modo exclusivo en los últimos años de su profesión como sanador. En realidad, se lo puede considerar el padre de la medicina psicosomática y el primer psicoanalista. Poseía el don de la clarividencia para diagnosticar la causa de los trastornos del paciente, sus dolores y sufrimientos. Quimby le explicaba al paciente dónde radicaba su sufrimiento y la causa que lo producía. Para curarlo, Quimby le decía: «Me voy al que me ha enviado, y en Él contemplaré tu divina perfección. Si tengo éxito, te curarás». La frase «me voy al que me ha enviado» está tomada del Evangelio de san Juan. *«Poco tiempo estaré ya con vosotros, pues me voy al que me ha enviado. Me buscaréis y no me encontraréis. Donde yo esté, vosotros no podéis venir»* (Jn 7,33-34). Mientras proseguimos la lectura, nos daremos cuenta del profundo sentido de este texto.

En una ocasión se pidió a Quimby que visitara a una mujer anciana, tullida y postrada en la cama. Al verla, Quimby dictaminó que sus males provenían de estar encerrada en un sistema de creencias tan estrecho y reducido que no podía erguirse ni caminar. Vivía en una tumba de miedo e ignorancia. Además, interpretaba la Biblia en un sentido literal que la aterraba.

«En esta tumba –le aseguró Quimby– está presente el poder de Dios que trata de deshacerse de los obstáculos, librarse de las ataduras y resucitar de entre los muertos.» Cuando esa paciente preguntaba a otros por la explicación de algún pasaje de la Biblia, la respuesta le producía un cálculo; después, tenía hambre del pan de la vida. El doctor Quimby diagnosticó su caso como el de una mente cerrada y anquilosada por la emoción y el miedo, causados por la incapacidad de ver con claridad el sentido de los pasajes bíblicos que leía. Esto se manifestaba en su cuerpo por sentimientos fuertes y torpes que buscaban su expresión final en la parálisis.

En este punto, Quimby le preguntó a la mujer qué quería decir: *«Poco tiempo estaré ya con vosotros, pues me voy al que me ha enviado»*. Ésta respondió que significaba que Jesús se fue al cielo. Quimby le explicó que el sentido real era que *estar con ella poco tiempo* significaba la explicación de sus síntomas, sus sentimientos y sus causas, es decir, que Él tenía, por el momento, compasión y empatía por ella, pero que no podía quedarse en ese estado mental. El siguiente paso era *ir al que nos ha enviado,* que es la presencia divina en todos nosotros.

De inmediato, Quimby viajó en su mente y contempló el ideal divino; *a saber,* la vitalidad, la inteligencia, la armonía y el poder de Dios operando en la persona enferma. Ésta es la razón por la que le dijo a la mujer: «Por tanto, donde yo voy no puedes ir porque tú estás encerrada en tus creencias estrechas y limitadas y yo gozo de buena salud». La oración y las explicaciones produjeron una sensación instantánea de alivio y ocurrió un cambio de perspectiva mental. ¡Caminó sin muletas! Ella estaba muerta, por decirlo de algún modo, en el error, y traerla a la vida o a la verdad fue como resucitarla de entre los muertos. «Mencioné la resurrección de Cristo y la apliqué a su propio Cristo o salud; esto tuvo un poderoso efecto sobre ella» *(Quimby's Manuscripts).*

El método de determinar el emprendimiento

«Todo lo que emprendas saldrá bien, y por tus caminos brillará la luz»* (Jb 22,28).

El poder respalda nuestra palabra de acuerdo con el sentimiento y la fe con que éstos la acompañan. Cuando somos conscientes de que el poder divino que mueve el universo se moviliza a nuestro favor y respalda nuestra palabra, entonces aumenta nuestra confianza y seguridad. No vamos a intentar añadir poder al poder divino; por lo tanto, no tienen por qué surgir esfuerzos, coerciones, presiones o luchas internas.

Una joven solía usar este método con un joven que la llamaba continuamente por teléfono, la presionaba para quedar y la buscaba con frecuencia a la salida de su trabajo; resultaba muy arduo desembarazarse de él. La joven

* (N. del T.) La versión española de Reina-Varela de la Biblia, ya citada, dice textualmente: «Determinarás asimismo una cosa, y te será firme», que refleja mejor el texto en inglés. Podríamos también llamar este método, entonces, tomando la palabra clave en la que se apoya el autor, «método de determinación».

determinó hacer lo siguiente: «Yo pongo la libertad de ________________ en manos de Dios. Él está siempre en el sitio adecuado. Yo soy libre y él es libre. Ahora libero esta palabra en el océano de la mente infinita que es la mente del Dios omnipotente. La mente infinita es el único poder que opera para que así pase. He determinado esto y sucederá de esta manera». La joven me contó que el joven despareció y que desde entonces nunca más supo de él. Y añadió: «Es como si la Tierra se lo hubiera tragado».

Cómo un ministro de Dios consiguió un auto

Un joven y esforzado ministro del Señor me relató hace poco que había leído el pasaje bíblico mencionado antes, «*todo lo que emprendas saldrá bien*». Tomó la siguiente determinación: «Soy uno con todos los automóviles del mundo. Éstos son todas las ideas de Dios que se manifiestan. Determino que la mente infinita me revele, por medio de la ley de la acción justa, el auto conveniente para mi trabajo. Confío de modo implícito en lo más profundo de la mente divina. Él sabe cómo hacer que esto suceda, a su manera».

La secuela a esta invocación fue de lo más interesante. Sin decir nada, los miembros de su congregación hicieron una colecta y le regalaron un Chevrolet nuevo, después del servicio religioso. Los feligreses le dijeron que tenían una sorpresa para él. No fue una sorpresa, porque el ministro ya sabía que la mente divina en lo más recóndito tiene caminos que nos son desconocidos. La inteligencia infinita de Dios actuó sobre las mentes de los fieles de su iglesia para cumplir lo que el ministro había aceptado mentalmente como verdadero.

Nunca puedes conocer *cómo* será respondida tu oración. Nunca debes decir: «No tengo dinero para comprarme un coche, por lo tanto me pasaré sin él». Debes tomar la determinación de qué es lo que quieres y la mente infinita de Dios hará que esto suceda.

Capítulo tres

La práctica terapéutica de la oración

Sanación espiritual y fe sanadora

La sanación espiritual exige un razonamiento serio y una consideración juiciosa por parte de la persona que la encara. Sanación espiritual no es lo mismo que sanación por la fe. Un sanador por la fe es alguien que sana sin ninguna comprensión científica de los poderes en cuestión. Puede aducir que tiene el don especial de sanar; la fe ciega del enfermo en él o en sus poderes puede lograr resultados positivos. La terapia espiritual es la operación sincronizada, armoniosa e inteligente de los niveles mentales conscientes e inconscientes que están dirigidos, en concreto, a un determinado fin. El terapeuta espiritual debe saber qué está haciendo y por qué lo está haciendo. Confía en las leyes de la sanación. El médico de vudú en Sudáfrica puede sanar con conjuros o alguien puede sanar al tocar los huesos que se atribuyen a un santo o utilizar lo que sea que induzca al paciente a creer con toda sinceridad en el sistema o en ese método.

Un principio de sanación

En la actualidad, el tema de la sanación espiritual ha despertado un amplio interés en todo el mundo. Los seres humanos están más abiertos a los poderes sanadores que reposan en la mente subconsciente. Es un hecho bien conocido que todas las escuelas de sanación realizan curaciones. La respuesta que explica esto es que existe un solo principio sanador, la mente subconsciente, y un solo procedimiento de sanación, que es la fe. Ésta es la razón por la cual Paracelso afirmaba esta gran verdad: «Sea real o falso el objeto de tu fe, aun así, obtendrás los mismos resultados».

Un hecho conocido de las curaciones es que se han producido en muy diversos santuarios de todo el mundo: en Japón, en la India, en Europa y en el continente americano. Se pueden encontrar muchas teorías diferentes, cada una de las cuales presenta pruebas indudables de la sanación. Es obvio que, para quien recapacita, debe existir un principio común que es la base fundamental de todas ellas. Dejando de lado el lugar geográfico o los medios empleados, sólo existe un principio sanador, y en el proceso de toda sanación está la fe.

Lo primero que hay que tener presente es la naturaleza dual de nuestra mente. La mente consciente está siempre bajo el poder del razonamiento; la mente subconsciente ha tomado el control total de nuestro cuerpo. Se puede verificar que se han producido sanaciones por medio de la osteopatía, de la quiropráctica, de la medicina, y de la naturopatía,*

* (N. del T.) Sistemas de curación bastante extendidos, con academias, congresos y ramas en casi todo el mundo, pero no aceptados por la medicina tradicional.

además de las realizadas por intermedio de algunas iglesias, pero nosotros sostenemos que todas estas sanaciones han sucedido por medio de la mente subconsciente, la única sanadora existente.

La mente subconsciente y la salud

Advierte cómo la mente subconsciente cura un corte que te has hecho al afeitarte; sabe exactamente cómo hacerlo. El médico te cura la herida y te dice: «La naturaleza hará el resto y te sanará». Por naturaleza se entiende la ley natural, la ley de la mente subconsciente. El instinto de supervivencia es la primera ley de la naturaleza; y la más potente de todas las autosugestiones se basa en tu instinto más fuerte.

El cuerpo se comporta según el modo como se actúa sobre él

Es un hecho sabido que los síntomas de casi todas las enfermedades se pueden inducir por sugestión en personas hipnotizadas. De modo artificial se pueden provocar malestares físicos en tu cuerpo o en el de otra persona por medio de la sugestión, en contra de los instintos naturales. Resulta del todo natural y obvio que la sugestión, en armonía con la autosugestión instintiva, tenga un poder tremendo.

Es más fácil mantener y restablecer la salud que inducir la enfermedad en el cuerpo. La fe que produce la sanación es una actitud mental, un modo de pensar, una certeza profunda, una esperanza de que sucederá lo mejor.

Cualquier método, técnica o procedimiento que se utilice para producir un cambio de la mente o que produzca un nuevo clima mental es legítimo, y se seguirán logros positivos. La sanación es el producto de una diferente actitud mental o de una transformación de la mente.

Fe ciega

Te sanará todo sistema que te saque del temor y de las preocupaciones y te lleve a la fe y a la esperanza. La verdadera sanación, mental y científica, resulta de la función combinada entre la mente consciente y la subconsciente, dirigidas en forma científica. Hay muchos que, dado que su teoría produce resultados, piensan que ésta es, por tanto, la correcta. Tal como explicamos en este capítulo, eso no es cierto.

Sabemos que existen muchas clases de sanaciones. Mesmer y unos pocos más afirmaban que sanaban al enviar un fluido magnético especial; pero les siguieron otros que dijeron que todo esto eran tonterías, que la curación era debida a la sugestión. Si crees que los huesos de los santos sanan o si crees en el poder de ciertas aguas, lograrás buenos resultados por la fuerza que la sugestión suministra a tu mente subconsciente; es esta última la que sana. El médico hechicero, con sus encantamientos, también sana a otros por la fe.

Todas las asociaciones de psiquiatras, psicólogos, osteópatas, médicos y ministros de las iglesias usan el único poder sanador universal que reside en la mente subconsciente. Cada uno proclamará que la sanación se debe a su teoría. El proceso de cualquier sanación consiste en una actitud mental, clara y positiva, una certeza profunda o un modo de pensar, que llamamos *fe*. La sanación se produce por una esperanza confiada que actúa como una vigorosa sugestión sobre la mente subconsciente que libera su poder sanador.

Nadie sana por tener un poder diferente. Es verdad que cada quien sostiene su propia teoría y método. Pero sólo existe un poder sanador, la mente subconsciente. Elige la teoría y el método que quieras. Puedes quedarte tranquilo: si tienes fe, obtendrás resultados.

La terapia de la oración en la universidad de Redlands

En el diario *Los Angeles Examiner,* hace algunos años, John McDowell describió las pruebas que se estaban realizando con la terapia de la oración en la universidad de Redlands con el título: «Las pruebas psicosomáticas revelan el poder de la oración». Escribió lo siguiente:

> El doctor William R. Parker, de treinta y siete años, director del hospital clínico, ha revelado hoy por primera vez que los resultados iniciales de la terapia de la oración en un grupo de veinte pacientes, con artritis, tuberculosis, úlceras y defectos del habla, han sido positivos:
>
> «Estos pacientes, que estuvieron de acuerdo en emplear la terapia de la oración, además de la terapia común psicológica grupal del departamento clínico de la universidad, hicieron progresos más significativos en su salud que los pacientes regulares de la clínica», ha comunicado el doctor Parker.
>
> Por ejemplo, de un enfermo con úlcera de estómago, que se apoyaba sólo en la oración y la terapia grupal, se informó que en las últimas tres semanas habían desaparecido todos los síntomas de su dolencia.
>
> Un profesor de la universidad de Redlands, quien casi toda su vida había sufrido de un grado severo de

tartamudez, imposible de corregir después de muchos años de tratamiento, ya no presenta ninguna señal del defecto al hablar después de seis meses de terapia de la oración.

Otro profesor, quien se vio obligado a jubilarse hace un año por causa de la tuberculosis, ha vuelto a su cátedra, en apariencia curado del todo.

«El médico de este profesor, un especialista en tuberculosis, le administró hace muy poco tiempo una prueba de esputo –ha explicado el doctor Parker–. La muestra dio resultado negativo. Como el médico estaba convencido de que se había cometido un error, de inmediato le hizo otra prueba, que resultó también negativa.»

El doctor Parker, doctor en psicología, no en medicina, ha hecho hincapié en que la terapia de la oración no es un milagro de «curandero» sanalotodo, sino un enfoque científico de la oración y de su influencia sobre la mente subconsciente.

A los ojos del todavía incipiente mundo de la medicina psicosomática, la mente subconsciente es la fuente de muchas aflicciones de la humanidad, que incluyen la artritis, el asma, la polinosis, la esclerosis múltiple, la tuberculosis, las úlceras y la hipertensión.

La teoría psicosomática, discutida con fervor por la profesión médica, se basa en que esas dolencias comienzan como trastornos funcionales en el subconsciente y se convierten en enfermedades orgánicas, que los médicos tratan por los síntomas en vez de buscar las causas.

La terapia de la oración, según el doctor Parker, es un intento psicosomático de enfrentar las causas de esos trastornos en el subconsciente.

«Existen cuatro problemas fundamentales de la personalidad, que están en la base de todo lo que funciona mal en la mente subconsciente –ha dicho el doctor Parker– *y éstos son el temor, el odio, la culpa y el sentimiento de inferioridad.»*

En los experimentos de terapia de la oración en Redlands estos conflictos básicos se los descubre, en primer lugar, por medio de un conjunto de tests psicológicos estandarizados que se administran a los que participan del proyecto.

Después, los pacientes se reúnen en una sesión grupal de noventa minutos, una vez a la semana, para discutir sus problemas. En estas reuniones se entrega a cada uno un sobre cerrado que contiene información sobre un aspecto perjudicial para su personalidad, puesto de manifiesto en los tests.

En su casa, cada paciente abre el sobre y se entera de una faceta nueva y poco agradable de su personalidad. Entonces, decide tratar esta dificultad en la oración todos los días hasta la próxima reunión del grupo.

Sólo existe una obligación. Se exige a todos que de forma regular oren cada noche, antes de irse a la cama.

«Insistimos en la oración en ese momento del día, porque lo último en que una persona piensa antes de dormirse es lo que con más facilidad penetrará en su subconsciente», ha afirmado el doctor Parker.

El doctor Parker, quien puso en práctica sus teorías de la oración en sí mismo durante la aparición de úlceras hace unos tres años, afirma que se tiene que enseñar a orar a la mayoría de los enfermos.

A los pacientes de la oración terapéutica clínica se los instruye a tener un enfoque positivo de la oración, haciendo hincapié en el amor y elevando el concepto de Dios y del universo.

Nuestras oraciones no son una petición de salud, sino que son: «Afirmaciones de sanación por parte del paciente, que quiere arremeter contra el componente insano, afirmaciones hechas de manera positiva y repetitiva que se sumergen en el subconsciente y llegan a formar parte de la persona», ha señalado el doctor Parker.

> De esta forma, por medio de la oración se pueden abordar los aspectos destructivos dentro del subconsciente y, de hecho, eliminarlos. Así, quedan suprimidas las causas básicas de las enfermedades orgánicas.

El doctor Parker ha publicado un libro, titulado *Prayer Can Change Your Life*,* donde explica los notables y sorprendentes resultados de la terapia de la oración en la universidad de Redlands. Conmigo también ha dado una serie de conferencias de gran nivel y muy populares en el teatro Wilshire Ebell de Los Ángeles, que suscitó un amplio interés entre los estudiantes de todas las denominaciones religiosas. Llegamos a tener registrados más de mil doscientos alumnos en una de las clases especiales sobre terapia de la oración.

Cómo sanar por medio de la terapia de la oración

El método corriente es el siguiente:

1. Observa el problema.
2. Después busca la solución o el camino hacia ella que sólo conoce la mente subconsciente.
3. Descansa en el sentimiento de una profunda convicción de que ya se ha resuelto.

No debilites tu tratamiento diciendo: «¡Espero que sí!» o «¡algo mejoraré!». La organización celular de tu cuerpo

* (N. del T.) Hay versión en español. William R. Parker y Elaine St. Johns: La oración en la psicoterapia. Lumen, Buenos Aires, 1998.

seguirá fiel y honestamente cualquier proyecto que la mente consciente le brinde por la vía de la mente subconsciente, llamada a veces subjetiva o involuntaria. Tus sentimientos sobre el trabajo a realizar son los que mandan. ¡Reconoce que tu salud es tuya! ¡Tu armonía es tuya! Sé inteligente y conviértete en un vehículo del poder infinito de sanar de la mente subconsciente. Las causas del fracaso son la falta de confianza y el excesivo esfuerzo. Pasa la idea de salud a la mente subconsciente hasta que estés convencido; luego relájate. Quítate el asunto de encima. Para determinadas situaciones y circunstancias afirma: «Esto también pasará». Por medio de la relajación produces un impacto en la mente subconsciente y permites que la energía cinética, que respalda la idea, se haga cargo y concluya con un resultado concreto.

La tendencia del subconsciente es ser guarda de la vida

El cuerpo humano refleja el trabajo de la mente profunda. Nuestros verdaderos poderes residen en la mente subconsciente. Nadie conoce las elaboraciones de ésta, pues sus posibilidades son infinitas. Sabemos hasta donde nos es posible aprender sobre su funcionamiento y lo utilizamos en consecuencia. Existe una inteligencia que se hará cargo del cuerpo, si lo abandonamos a su suerte. La mente consciente siempre interferirá con los indicios que presentan los cinco sentidos, basados en apariencias externas que llevan a formar creencias, temores y opiniones falsos. Cuando el temor, las falsas creencias y las pautas negativas se han establecido y registrado en la mente subconsciente, por condicionamientos psicológicos y emocionales, a ésta no le queda otro camino abierto que actuar sobre los datos del proyecto que se le presenta.

El yo subjetivo dentro de ti trabaja continuamente por el bien general y refleja un principio innato de armonía respecto de todo. Examina las obras de Edison, Carver, Einstein y muchos otros que, sin demasiados estudios, supieron cómo interpretar los múltiples tesoros de la mente inconsciente. Pon razones para tener fe en ti mismo. No podrás ir muy lejos si no crees en lo que no ves. No veo el amor, pero lo siento; no veo la belleza, pero contemplo sus manifestaciones. Nuestro error mayor consiste en la falta de confianza en el poder de la mente subconsciente. Familiarízate con tus poderes profundos. Porque, ¿de qué sirve saber en teoría que eres perfecto si no lo puedes brindar hacia afuera?

Despacio lo lograrás

En una ocasión, el dueño de una vivienda le reconvino al técnico, que acudió para ver el horno de su cocina, porque le cobró doscientos euros por arreglar el dispositivo donde se prende el gas. El mecánico le respondió: «Le he cobrado cinco céntimos por la boquilla rota y ciento noventa y nueve euros con noventa y cinco céntimos por saber qué es lo que estaba mal».

De mismo modo, tu mente subconsciente es el maestro mecánico, que lo sabe todo, que conoce los caminos y los medios de sanar tanto los órganos de tu cuerpo como todo lo que se relaciona con ellos. Tú decreta salud, y la mente subconsciente la repondrá, pero es fundamental la relajación. «Despacio lo lograrás.» No te preocupes de detalles y de medios, sino abócate al resultado final. Saborea el *gusto,* de la solución final de tu problema, sea éste de salud, económico o laboral. Recuerda cómo te sentiste después de recuperarte de una grave enfermedad. Conserva en tu mente que el sentimiento es la piedra de toque de todas las manifestaciones subconscientes. Tu idea nueva se debe sentir de modo subjetivo en su estado final, pero no en el futuro, sino que *ahora* ya se está realizando.

Captar las pautas divinas

La que sigue a continuación es una oración para tener una salud perfecta. Un clérigo que conocí en el norte de África utilizaba esta oración y se curó. Varias veces durante el día la recitaba, con lentitud y tranquilidad, asegurándose, en primer lugar, de que estuviera relajado del todo, mental y físicamente.

> *«La perfección de Dios se expresa ahora a través de mí. La idea de salud está colmando mi mente subconsciente. La imagen que Dios tiene de mí es una imagen perfecta, y mi mente subconsciente recrea mi cuerpo en exacta conformidad con la imagen perfecta que Dios tiene en su mente.»*

Éste es un modo simple y fácil de transmitir la idea de buena salud a tu mente subconsciente. En la terapia de la oración o en la sanación espiritual, nuestra única herramienta es el pensamiento espiritual.

El impacto en la mente subconsciente

Una manera estupenda de impresionar la mente subconsciente es por medio de la imaginación entrenada o científica. El subconsciente es el maestro de obras del cuerpo y controla todas sus funciones vitales. Le pedí a un hombre que sufría de parálisis funcional que se representara un cuadro vívido de sí mismo caminando alrededor de la oficina, tocando el escritorio, contestando el teléfono y haciendo todas las cosas que haría de ordinario si estuviera bien. Representó y vivió el papel, y, de hecho, luego volvió a su despacho.

Entonces, le expliqué que mientras se imaginaba con tanta claridad la realización de su deseo, le estaba procurando a la mente subconsciente material concreto para que trabajara sobre él. La mente subconsciente es la película sobre la que se imprimen las imágenes. El subconsciente elabora las imágenes y las objetiva como experiencia, condición o suceso. Un día, después de varias semanas de frecuente condicionamiento de la mente con estas imágenes mentales, concertamos de antemano que el teléfono sonara y estuviera sonando mientras su esposa y la enfermera estaban ausentes. El teléfono estaba como a cuatro metros, pero se las arregló para contestar. Su esposa sabía que él estaba curado en ese momento. El poder sanador fluyó hasta el punto focal de su atención y siguió la curación.

Desde un punto de vista psicológico, evolucionó la imagen mental en la morada oscura de su mente y se produjo la sanación total. Este hombre tenía un bloqueo mental que impedía que los impulsos del cerebro llegaran a sus piernas; en consecuencia, aseguraba que no podía caminar. Cuando dirigió la atención hacia el poder sanador dentro de sí, esta fuerza fluyó a través del foco de su atención y le permitió caminar. La Biblia dice: *«Y todo* *cuanto pidáis con fe en la oración, lo recibiréis».*[*] *«Con fe»* significa aceptar algo como verdadero o vivir en un estado de estar dispuesto a creer. Si logras mantener esta actitud, experimentarás la alegría de saber que tu oración ha sido escuchada.

Sanó de la enfermedad de Pott

Hace algunos años leí un artículo que salió publicado en la revista *Nautilus* sobre un niño que sufría de la enfermedad de Pott o tuberculosis de la columna vertebral, quien tuvo una sorprendente recuperación. Se llama Frederick Elias Andrews, de Indianápolis, y ahora es ministro de la escuela unitaria del Cristianismo en la ciudad de Kansas, en los Estados Unidos de América. El médico que lo atendía certificó que su enfermedad era incurable. Entonces, comenzó a orar, y de un ser encorvado, tullido y retorcido, que se arrastraba con las manos y las rodillas, se convirtió en un hombre fuerte, derecho y bien formado. Creó sus propias afirmaciones, asumiendo en la mente las cualidades que necesitaba. Decía una y otra vez, muchas veces al día: «Soy un hombre cabal, perfecto, fuerte, poderoso, afectuoso, agradable y feliz».

Perseveró con esta oración y pudo confirmar que ésta era lo último en sus labios a la noche y lo primero, a la mañana. Oró también por otros y les envió pensamientos de amor y de salud. Esta actitud mental y este camino de oración retornaron a él multiplicados. Su fe y su perseverancia lo compensaron con dividendos muy altos.

* (N. del T.) Mt 21,22.

Cuando le sobrevenían pensamientos de temor, de ira, de celos o de malestar, comenzaba a recurrir mentalmente a su afirmación. Su mente subconsciente respondía de acuerdo con la índole de sus pensamientos habituales. Éste es el sentido de la sentencia de la Biblia: *«Vete, tu fe te ha salvado»*.*

* (N. del T.) Mc 10,52. El autor usa la versión inglesa que dice: «...hath made thee whole». Casi como una excepción, sólo en La Biblia de las Américas, editada por The Lockman Foundation (La Habra, California, 1986), la frase se ha traducido al español por «te ha sanado», en vez del común y general «te ha salvado».

Capítulo cuatro

Cómo funciona la oración

Por qué nadie puede fastidiarte

Muchos habrán oído con frecuencia estas expresiones: «Estoy profundamente herido. No puedo superarlo. Me ha herido en lo más vivo; esto es la gota que colma el vaso; Puedo perdonar todo, menos esto». La única fuerza creadora es nuestro pensamiento; en consecuencia, estamos heridos por nuestros propios pensamientos, por el mecanismo de nuestra mente. Todas las personas tienen la posibilidad de reaccionar de modo positivo o negativo. No se trata de lo que el otro diga o haga para sentirte herido: es tu reacción lo que cuenta frente a lo que diga o haga el otro. Las sugerencias y frases de los demás no pueden crear en nosotros una disposición, a menos de que las aceptemos y les demos el consentimiento mental. Este proceso requiere una acción de tu mente que, en el análisis final, es el único medio creativo. Puedes pensar en forma constructiva o negativa, como quieras. Eres libre de elegir cómo deseas pensar y reaccionar.

El caso de la adivina

Uno de los países donde he vivido es la India. Allí un pariente me habló de un amigo que había acudido a una adivina que predecía el futuro con la bola de cristal, quien le dijo que tenía un corazón débil y que moriría en la próxima luna nueva. Sucedió como lo había predicho. Mi pariente también me contó que esta adivina tenía fama de tener extraños poderes ocultos y podía beneficiar o dañar a las personas. Supongo que muchos de nosotros hemos oído tales historias, tontas, ridículas y supersticiosas.

Veamos lo que sucedió a la luz del conocimiento que tenemos sobre la manera como la mente subconsciente funciona. Todo lo que la mente humana, consciente y racional, cree, el subconsciente lo acepta y actúa en consecuencia. Ésa es la razón por la que las Sagradas Escrituras dicen: *«Cual es su pensamiento en su corazón* (en su mente subconsciente)*, tal es él»* o *«Hágase en vosotros, según vuestra fe»*. En otras palabras, las cosas en las que creemos producen todas nuestras experiencias. El amigo de mi familiar era un hombre feliz, saludable, vigoroso y robusto cuando fue a ver a la vidente. Ésta le hizo una predicción muy negativa que funcionó como una sugestión posthipnótica. Se aterrorizó y vivió pendiente en cada instante del hecho de que iba a morir en la próxima luna nueva. A todo el mundo le contó lo que le habían anticipado y se preparó para el final. Su mente se puso en acción y su pensamiento fue la causa del fin. Él provocó su propia muerte o, mejor dicho, la destrucción de su cuerpo físico por el temor y la perspectiva de su muerte.

La mujer que predijo su muerte no tenía más poder que las piedras y ramas en el suelo del bosque. Su sugestión no tenía poder para crear o producir el fin que sugería. Si él hubiera conocido las leyes de la mente, habría rechazado del todo la sugestión negativa y se habría rehusado a prestar atención a sus palabras, sabiendo en su corazón que él sólo era gobernado y dirigido por su pensamiento y sentimientos. Como a flechas de hojalata lanzadas en una batalla, la profecía podría haber sido neutralizada y desarticulada por completo sin hacer daño a nadie. Las sugestiones de otras personas no tienen en absoluto en sí mismas ningún poder sobre ti, excepto el que quieras atribuirle con tus pensamientos. No tienes por qué dar tu consentimiento mental; tienes que prestar atención a estos pensamientos; entonces, se convertirán en *tus pensamientos* y tú serás el que pensará. Recuerda que tienes la posibilidad de elegir. ¡Elige la vida! ¡Elige la salud!

Qué quiere decir pensar

Pensar supone comparar una cosa con otra, una proposición con otra. Si el instrumento mental del hombre sólo puede decir: «sí», las comparaciones son imposibles. Pensar es elegir. *«Elegid hoy a quien habéis de servir.»** Tienes una elección entre dos cosas; a una de ellas le dices «sí», y a la otra, «no».

Por ejemplo, cuando preguntas «¿por qué?», estás buscando una razón. Todo razonamiento implica la selección de una cosa y el rechazo de otra. Sería imposible elegir y rechazar, si tu mente no tuviera el poder de afirmar y rechazar. Tú estás, en verdad, pensando cuando tus pensa-

* (N. del T.) Jos 24,15

mientos son positivos, constructivos, armoniosos, cuando rechazas todos los temores y consideras la realidad de tus deseos, sabiendo que existe el Todopoderoso alojado en las profundidades de tu subconsciente que responde a tu pensamiento, y que su poder llevará tus pensamientos a buen término. Tú estás de verdad pensando cuando tu razón elabora con cuidado en tu mente y rechaza toda idea indigna de una mente dedicada a la paz y a la armonía. Tú estás de verdad pensando cuando te das cuenta de que hay una solución, un camino para salir, y sabes que una sabiduría subjetiva responderá a tus pensamientos creativos cuando te liberes de temores. Si estás preocupado, temeroso o ansioso no estás pensando en el verdadero sentido de la palabra; es la mente apremiada la que piensa, entonces, dentro de ti. Piensa en todas las cosas que te resultan agradables y con las que te has relacionado bien.

Cómo recuperó lo perdido

Una empresaria de Los Ángeles me contó que ella se había atraído la atención de un charlatán,* quien la estafó unos 15.000 dólares. La mujer se volvió irritable, vengativa, hostil y llena de odio contra todos los hombres y desarrolló un complejo de mártir. Afirmaba que todas sus desgracias eran el resultado de su mala suerte. Se le aclaró, entonces, que las que llamaba desgracias no eran otra cosa sino el silencioso despliegue de sus pensamientos negativos, cargados de pesimismo y dependencia, los cuales había plantado en lo profundo de su mente. Lo que siembres,

* (N. del T.) [Sic], charlatan, en el texto original.

cosecharás. Nuestro destino depende de nuestra elección de pensamientos. El futuro es siempre el presente, que ha crecido. Debemos recordar que sembramos semillas de pensamientos racionales en el jardín de nuestra mente cada vez que pensamos. Las buenas y las malas semillas, es decir, los pensamientos que depositemos en nuestro jardín de la mente crecerán como trigo y cizaña hasta el tiempo de la cosecha.

La mujer admitió que había caído en un estado de depresión y melancolía por el tiempo en que había atraído la atención del timador. Muy pronto se dio cuenta de que su estado de abatimiento, tristeza y autocompasión, que reflejaba su actitud de vacío, atraía a quien reforzara su actitud mental de vacio. Las pérdidas pueden venir de muchas maneras; en su caso se trataba de pérdida de alegría, salud, paz del espíritu y, por supuesto, de dinero. El embaucador no la habría podido engañar si no hubiera sido porque ella había plantado en la tierra de su mente las semillas de pérdida, carencia y limitación. La ley de causa y efecto está siempre en acción para brindar el fruto de nuestra elección.

Esta mujer superó su angustia mental y pérdida de sentido con la siguiente oración, que repetía dos o tres veces al día.

> *«Sé que no hay nada perdido en la mente infinita; todas las cosas subsisten en esa única mente. Sé que todo lo que creo y acepto en mi mente es parte de mi experiencia. De forma positiva rechazo la pérdida de mi patrimonio. Elijo, mental y anímicamente, identificarme con mi riqueza que me llega con avalanchas de abundancia. Sé de modo definitivo, positivo*

y absoluto que no puedo experimentar nada, salvo a través de mi aceptación mental y de mi fe. Acepto ahora la riqueza y la abundancia. Deseo para todos lo mismo que deseo para mí, pues sé que el amor es la realización de la ley de la salud, la riqueza y la paz del espíritu.»

Mientras repetía con frecuencia esta oración, reacondicionaba su mente para la riqueza. En cada ocasión que pensaba de nuevo en el estafador, en vez de reaccionar en forma negativa, decía: «¡Ojalá que le vaya bien!». Con lo cual quería significar que le deseaba todas las bendiciones de salud, riqueza y paz. En unas pocas semanas se sintió en un exultante estado de ánimo. Ocupó el cargo de secretaria privada de un agente de bolsa y unos pocos meses después recobró todo lo perdido multiplicado por diez. Por el movimiento de algunas acciones en la bolsa, la mente profunda la compensó de la pérdida del dinero. El conocimiento de las leyes de nuestra mente es la verdad que nos hace libres.

Recuperación total

Conocí a una mujer que odiaba a su hermana porque ésta la había tildado de traicionera como una serpiente. Caviló sobre esta frase durante meses: se sentía profundamente herida y, a consecuencia de ello, le apareció una colitis. Todo por unas pocas palabras pronunciadas por su hermana. Tenía que curarse. Para eso fue necesario que entendiera cómo funcionaba su mente. Lo primero de lo que tuvo que percatarse fue que las palabras que pronunció su hermana no tenían ningún poder en absoluto para afectarla, puesto que el único poder creador era su propia mente. La palabra es un pensamiento que se expresa. Las palabras, que eran pensamientos expresados por su hermana, no tenían ningún poder para perturbarla. Tampoco eran creadores, excepto sólo cuando ella los retenía en su propia mente y reaccionaba en forma negativa. Había admitido la idea del resentimiento; y, así, este pensamiento generó un sentimiento negativo, seguido de su expresión objetiva en el colon. Las tres cosas, pensamiento, sentimiento y expresión ocurrieron en su mente. *No es lo que la gente dice o hace lo que lastima; nos duele nuestra reacción y respuesta.* Dicho de otro modo, el bien y el mal que experimentamos son simples vaivenes de nuestra mente. El médico le explicó a esta mujer que su colitis ulcerosa era el producto de su trastorno emocional y le aconsejó que se volviera más afectuosa y perdonara.

Así es como se recuperó del todo. Durante el día diseminó con frecuencia pensamientos de amor, paz y buena voluntad hacia su hermana con la siguiente afirmación: «Con toda sinceridad, le deseo a mi hermana paz, salud y felicidad, y sé que el río divino de paz y amor fluirá a su través por siempre jamás». Esto cambió su disposición mental y liberó el poder infinito de sanar que reside dentro de todos los seres humanos. En pocas semanas se puso bien del todo y las pruebas clínicas dieron resultados negativos.

Sanación de una úlcera gástrica

El señor Castillo tenía sentimientos de angustia y hostilidad muy fuertes. En una ocasión me dijo: «Mi médico me ha asegurado que tengo una úlcera gástrica. ¿Usted cree que es mi rencor la que la ha causado?». En nuestra conversación descubrí que, en verdad, sufría de una reacción emocional hacia un socio de la compañía. Parece ser que este socio se burló de una sugerencia que había presentado en la mesa directiva y lo puso en ridículo durante mucho tiempo. Nuestras emociones, cuando se reprimen, necesitan una salida orgánica y así aparecen enfermedades, como la úlcera, la migraña y la artritis. Castillo permitió que ese hombre le robara la paz interna, la salud, la alegría y la eficiencia intelectual.

El procedimiento que se siguió para sanarlo consistió en que percibiera con claridad que debía quemar, calcinar, destruir y aniquilar sin piedad todos los pensamientos negativos de su cabeza, los cuales le estaban produciendo ese trastorno. Cayó en cuenta que su socio no tenía poder para molestarlo, irritarlo o perturbarlo. Entonces me dijo: «No le daré nunca a nadie más en mi vida el derecho o la posibilidad de lastimarme. Ahora entiendo que nadie posee tal poder». Esta frase, proferida por él, fue, como se puede advertir con facilidad, el cincuenta y uno por ciento del proceso de sanar: lo demás resultó muy sencillo. Sabía que había estado albergando en su mente pistoleros, criminales, asesinos y maleantes que le sustraían la calma, la serenidad y la paz del espíritu. Sus pensamientos negativos y destructivos le produjeron la úlcera gástrica. Sus pensamientos fueron los ladrones que le robaron.

Sanó orando varias veces al día de la manera que sigue hasta que logró la íntima reacción que le satisfizo.

> *«Mi socio Daniel es amable, colaborador y agradable. No me ha herido, molestado o confundido. Me absuelvo de haber mantenido pensamientos rencorosos y de odio contra él. Da-*

niel está colmado de paz, alegría y amor. Existe armonía, concordia y comprensión entre nosotros. Si me viene algún pensamiento negativo sobre Daniel o sobre cualquier otra persona, de inmediato me acordaré de que la paz divina fluye a través de mí.»

Cómo funcionó en concreto su oración

Estos pensamientos espirituales liberaron una tremenda y poderosa vibración terapéutica que se irradió por su mente y su cuerpo, y todas las células de su cuerpo se entonaron de un modo diferente. Además, las vibraciones espirituales destruyeron las pautas negativas implantadas en el área subconsciente de su mente y experimentó un notable cambio para bien. En pocos meses su médico le dio el alta por considerarlo curado y pudo comer su comida habitual sin ninguna dificultad.

Inventario personal

¿Notas en las relaciones con tus prójimos que hay fricción, desavenencia y rencor? Estos desajustes personales poco satisfactorios son el resultado de las malas compañías que mantienes en tu mente. Cuando eras niño, tu madre te aconsejaba que no salieras con malas compañías. Y si desobedecías, es muy posible que te llevaras una buena reprimenda. De una manera parecida, no debes ingresar en los oscuros callejones de tu mente en compañía del rencor, de la mala voluntad y del odio; éstos son los ladrones de tu mente que te roban tu compostura, tu equilibrio, tu armonía y tu salud. Tienes, entonces, que evitar, en forma positiva y definitiva, caminar y conversar con ellos en los socavones de tu mente.

Al contrario, tienes que convertir en una práctica común pasearte por las avenidas soleadas de tu mente y juntarte con compañeros amables y espirituales, llamados confianza, paz, fe, amor, alegría buena voluntad, salud, felicidad, orientación, inspiración y abundancia. Puedes elegir tus compañeros en el mundo externo y estoy seguro de que cuando lo hagas así, seleccionarás éstos según criterios de honestidad e integridad. Tú eliges tu ropa, trabajo, amigos, profesores, libros, hogar y alimento. Eres un ser volitivo y selectivo. Cuando escoges algo, reflejas la preferencia por una cosa en vez de otra; se puede tratar de un sombrero o de un par de zapatos. Las Sagradas Escrituras dicen: *«Elegid hoy a quien habéis de servir».* Con tu mente elige salud y felicidad.

Llegar a la comprensión

Debemos abandonar nuestras creencias, opiniones y teorías falsas, y cambiarlas por la verdad que nos hará libres. Debemos aprender que no somos víctimas de nuestros cinco sentidos ni somos controlados por factores externos o por el ambiente. Podemos modificar los factores, si cambiamos nuestra actitud mental. Nuestros propios pensamientos y sentimientos son los que crean nuestro destino y determinan nuestras experiencias. Por lo tanto, no podemos culpar a los demás por nuestro sufrimiento, dolor o fracasos. Cuando nos percatamos con absoluta claridad de que lo que pensamos, sentimos, creemos y consentimos mentalmente, de modo consciente o inconsciente, determina todos los hechos, sucesos y circunstancias de nuestra vida, entonces cesan el rencor, la censura y el echar la culpa a los que nos rodean.

Los pensamientos son reales

Durante incontables siglos los seres humanos hemos fijado nuestra atención en lo de afuera y hemos llenado nuestras mentes con celos, odio, rencor y depresiones por creer que los demás estaban menoscabando nuestra felicidad y creando nuestros problemas. Nos hemos convencido de que éramos víctimas del destino, del azar, de la casualidad y de que existían otras fuerzas y poderes enemigos de nuestro bienestar. Estas creencias, y otras semejantes, son falsas por la simple razón de que nuestros pensamientos son reales, y hacemos aquello en lo que pensamos todo el día.

Nuestra mente está repleta de toda clase de extrañas ideas, supersticiones, temores, angustias y complicadas concepciones filosóficas sobre demonios, seres malignos y poderes maléficos. Debemos deshacernos de todas estas nociones falsas y erróneas, y comprender que nosotros creamos aquí y ahora nuestro propio infierno y nuestro propio cielo. Podemos influir en nuestro subconsciente de forma positiva o negativa. La mente subconsciente es amoral, impersonal y carece de ética y sentimientos. De ahí que si nuestros pensamientos son de índole perversa, las leyes de nuestro subconsciente automáticamente llevarán estos pensamientos a su realización y experimentación. Si nuestros pensamientos son buenos, saludables y constructivos, las leyes de nuestro subconsciente suscitarán experiencias positivas y situaciones atractivas. Esto no es otra cosa que la ley de la causa y el efecto, que es una ley universal e impersonal.

Nos infligimos castigos

La causa es el pensamiento, y el efecto es la reacción automática de la mente frente al pensamiento. Nuestra retribución o nuestro premio depende de cómo utilicemos nuestra mente. Si tomamos una decisión mental errónea, estamos provocando la respuesta matemática y justa de la ley, y experimentaremos una pérdida como consecuencia de nuestro juicio y decisión equivocados. La ley de la acción y reacción es universal en toda la naturaleza. Si nuestros pensamientos son sensatos, nuestras acciones serán sensatas. Dios no es vengativo, pero las leyes impersonales de nuestra mente, que reaccionan según las características de pensamiento-vida, originan lo que parece como una venganza contra la persona ignorante de las leyes de la mente. De hecho, sólo se trata de la ley natural de la acción y reacción, que es siempre igual, exacta y precisa. No tiene sentido culpar al lago si alguien por desgracia cae al agua y no sabe nadar. No podríamos acusar al lago de vengativo; el agua es por completo impersonal. Piensa bien y se sigue el bien; piensa mal y se sigue el mal.

«Y yo envié mi alma tras lo invisible eterno,
del más allá una carta buscando descifrar;
tras una larga angustia de mi conflicto interno,
vuelve y me lee: "Mira yo soy Cielo e Infierno".»

OMAR KHAYYAM*

* (N. del T.) Según la versión en español de Joaquín V. González en Rubaiyat, «El vuelo del águila». Hachette, Argentina, 1951, n.º 70.

Capítulo cinco

El poder transformador de la oración

Es importante reconocer y utilizar el poder de la oración para transformar las actitudes negativas que precipitan las lamentables crisis en nuestra salud y actividades diarias. Nos inclinamos a permitir demasiadas reacciones emocionales pasajeras que subvierten planes y expectativas de los acontecimientos de nuestras vidas, que perturban nuestras relaciones con la gente y que nos empujan a rebelarnos contra las condiciones de nuestro ambiente.

Encontrarás muchos cambios positivos en tus relaciones con el mundo cuando llegues a conocer el poder de la oración para mantener la cálida afinidad que debes sentir por amigos y conocidos, que serán una protección para ti contra los turbadores cambios de incertidumbres emocionales.

Su actitud estaba errada

Un joven ingeniero me dijo hace algunos meses: «Mi jefe era un ignorante, así que me fui de la empresa. Conseguí otro trabajo, pero me fue mal. Este sitio es mucho peor». Este joven tenía un padre que podríamos calificar de dominante, tiránico y estricto, típico de las tradiciones puritanas del noreste de los Estados Unidos. En su juventud mantuvo un gran resentimiento contra su padre y no le escribió durante varios años. De a poco comenzó a percatarse de que se rebelaba contra la autoridad de la misma manera que se había rebelado en su fuero interno contra su padre. Y, así, empezó a darse cuenta de que, de hecho, estaba transfiriendo la culpa de sus propios defectos, errores y transgresiones a los demás, y que también atribuía a los demás sus propios impulsos y pensamientos inaceptables.

Su nueva actitud

Decidió rezar, mañana y noche, como sigue:

> *«Deseo para todos los trabajadores de la planta donde yo trabajo salud, felicidad, paz y que sean ascendidos. Mi jefe me felicita por mi desempeño; a menudo recreo en mi mente esta imagen y sé que esto sucederá. Soy amable, cortés y colaborador. Practico la regla de oro y de corazón trato a todos de la misma forma que me gustaría que me trataran a mí. La inteligencia divina me dirige y guía durante todo el día. Estoy mejorando en todos los aspectos».*

A medida que, de modo regular y sistemático, llenó su mente con estos pensamientos espirituales, logró suscitar una nueva actitud mental de índole constructiva, que cambió todo para bien.

Cinco puestos en cinco meses

En una oportunidad pude aconsejar a un joven, que en cinco meses lo habían echado de cinco puestos de trabajo.

Bebía en exceso, era irresponsable, holgazán, perezoso, indolente, grosero, poco comprensivo, apático y desinteresado. Le expliqué que su actitud mental prevaleciente lo teñía todo y que su mirada pesimista de la vida le hacía ver todas las cosas por el lado más oscuro o negativo. Las buenas noticias que, de tanto en tanto, recibía de su familia le procuraban alguna alegría efímera, que era ahogada a los pocos minutos por su actitud dominante de pesimismo y depresión.

El proceso de convertirse en un hombre nuevo

Por mi sugerencia, este joven tomó un curso para hablar en público y otro curso, por la noche, donde con diligencia, iniciativa personal y aplicación aprendió los rudimentos del mundo comercial. Comenzó a orar y pedir por orientación y prosperidad. Poco a poco empezó a morir el «hombre viejo» y a surgir el «hombre nuevo». Desplegó entusiasmo, perseverancia, tenacidad y llegó a ser el encargado de la tienda donde trabajaba. Se convirtió en una persona feliz y alegre, que traslucía salud, armonía y una vida plena. Aprendió que, prácticamente, todo aprendizaje, sea institucional, religioso o laico, tiene como fin último inducir a un cambio de actitud mental hacia la vida, la gente y los acontecimientos. El primer paso de este joven en su camino hacia delante fue su actitud frente a la vida.

Un asesino se convierte en maestro

En otra ocasión conocí a un criminal que me confesó que había asesinado a un hombre. Sentía un intenso deseo de cambiar y nacer de nuevo, mental y espiritualmente. Tenía una actitud mental muy receptiva y creía que «con Dios todas las cosas son posibles». Por mi sugerencia, empezó por detener la turbulencia de su mente, durante quince o veinte minutos, varias veces al día; luego, de modo silencioso, tranquilo y cordial afirmaba y sentía que él era ahora un canal del amor, paz, belleza, sabiduría e inteligencia de Dios, y que su mente y corazón se estaban limpiando, purificando sanando y recobrando. Mientras hacía esto con regularidad, sinceridad y entusiasmo, se volvió más cordial, sereno y amable en todos los aspectos. Un profundo sentimiento de paz llenó su interior.

Una noche este hombre tuvo una experiencia interna, a veces conocida como conversión. Me explicó que le pareció estar inmerso en una llamarada luminosa. De hecho, por un rato quedó ciego por la luz, como Pablo. Todo lo que podía recordar era que sintió el éxtasis y el rapto del amor de Dios. Sus sentimientos eran indescriptibles. Se transformó en otro hombre en su mente y en su corazón, y abordó la tarea de enseñar a los demás cómo vivir. Eso todavía lo está haciendo.

Actitudes condicionadas por la imaginación

Te imagines lo que te imagines, siempre existe la reacción emocional correspondiente. Un reconocido profesor de filosofía oriental, mientras paseaba por las calles de una gran ciudad europea, a la luz crepuscular del atardecer, vio una cuerda enrollada en la acera y se imaginó que era una serpiente; quedó paralizado por el miedo. Cuando se dio cuenta de su error, la nueva representación de la cuerda le produjo una diferente actitud mental y una nueva respuesta emocional. ¿Quién te imaginas que eres? ¿Cómo te imaginas que será tu vida? Según sea tu imaginación, así será la respuesta.

Cómo consiguió una nueva actitud

Una señorita, que había obtenido su título en el conservatorio, quería enseñar música, pero tenía la idea de que iba a fracasar, de que no tendría alumnos por ser una desconocida. Entonces, adoptó una nueva actitud y comenzó a comprender y afirmar con valentía: «Seré lo que yo quiera ser. Haré lo que yo quiera hacer por el poder del Todopoderoso dentro de mí». Así llegó a la conclusión de que muchos alumnos se aprovecharían de lo que ella tenía para ofrecer. Su dificultad mayor era el miedo y lo superó por medio de la repetición frecuente de la mencionada oración y el empleo disciplinado de su imaginación. Dos veces al día se imaginaba enseñando a estudiantes y los veía felices y contentos. Ella era la primera actriz de la representación dramática. «Actúa como si fuera yo, y lo serás.»

Se sintió como una profesora de mucho renombre, representó este papel en su imaginación y enfocó la atención a este ideal. Por su persistencia llegó a ser una sola cosa con la idea en su mente, y logró expresar de modo objetivo lo que de modo subjetivo había imaginado y sentido. Como imaginó que sería su vida, también la *sintió*, y según este nuevo sentimiento y actitud mental, así ocurrió.

Cómo una actitud nueva salvó su vida

Durante una serie de conferencias en Ciudad del Cabo, en Sudáfrica, un famoso abogado que estaba escuchando una de mis conferencias me pasó un recorte de un periódico llamado *Argus*, que trataba del perdón. Cito algunas líneas pertinentes:

> *«El teniente coronel J. P. Carne relató su vida como prisionero en Corea. Durante los dieciocho meses de reclusión e incomunicación no tuvo una sola palabra de amargura contra los captores chinos que le habían impuesto una pena tan dura que los médicos estaban sorprendidos de que hubiera podido sobrevivir. Cuando ya estaba paseando por su jardín (en Inglaterra) y escuchó las campanas de la iglesia que le daban la bienvenida a casa, el teniente coronel Carne exclamó: "El cuadro mental de este lugar esplendoroso (los seres queridos, el jardín, el hogar) mantuvo siempre mi mente viva. Ni por un momento dejé que se escabullera esta imagen"».*

El título del artículo era: «Un jardín le dio valor».

Este ejemplo es una hermosa lección del arte de perdonar. En vez de dar pábulo al rencor, al odio o a fomentar recriminaciones mentales, se forjó una visión constructiva. Se imaginó en su casa con los seres queridos; sintió la emoción y la alegría de todo esto. Al visualizar el jardín con las plantas en plena florescencia, vio cómo los árboles crecían y daban fruto. Todo era vívido y real. Sintió todo esto dentro de sí, en su imaginación. Aclaró en sus explicaciones que otros hombres habrían enloquecido o, quizás, habrían muerto de un ataque al corazón, pero que él se salvó porque tenía una visión. «Fue una visión que nunca dejé que se escabullera.» Su gran secreto fue una actitud mental nueva en medio de privaciones, sufrimientos y sordidez. Se mantuvo fiel a su imagen mental y nunca se desvió de ella con un pensamiento íntimo destructivo o con una fantasía mental negativa.

Ésta es la gota que colma el vaso

A Juan le bullía la sangre y estaba a punto de estallar de rencor mientras se decía para sí: «Ya no aguanto más que me hagan esto después de tantos años de colaboración leal». Y añadió que le había dolido mucho una carta que había recibido del gerente general. Su actitud era la de: «Ésta es la gota que colma el vaso de agua». Le expliqué que estaba envenenando todo su organismo con esa actitud mental destructiva y que tenía que revertir su cuadro mental.

Describiré ahora una vieja fórmula o técnica que le indiqué: Escribe una carta como si te la hubiera escrito el gerente general, y que te pondría feliz y contento si la recibieras. Pon en la carta las palabras que te gustaría que el gerente general te escribiera o dijera. Así, de esta manera, por la noche, antes de dormir, se imaginaba que el gerente le había escrito una carta y que le alababa y felicitaba por el modo como estaba trabajando; carta que lo ponía feliz y contento en todo aspecto, de acuerdo con la regla de oro y el espíritu de buena voluntad. Veía las palabras en la carta imaginaria y se complacía al leerlas.

Y, así, me dijo: «Cada noche estoy en vela hasta que leo una y otra vez la carta y contemplo la firma del gerente general». El odio lo abandonó por completo mientras continuaba con esta rutina. Lo cito una vez más: «Y me sucedió la cosa más extraña del mundo». En realidad, el gerente le escribió una carta en que lo felicitaba y le daba un ascenso. La carta contenía la esencia de lo que él se había imaginado y sentido durante muchos días. Aquí aparece con claridad lo que una nueva actitud mental puede conseguir, sustituyendo la inclinación a mala voluntad y hostilidad por un sentimiento de amor y buena voluntad. Su nueva actitud mental, armoniosa y de colaboración, fue captada por el gerente general, quien se sintió obligado a retribuirle con la misma moneda. Dio amor y recibió amor. *«Perdonad y seréis perdonados»* (Lc 6,37).

Por qué sufrió tanto

Entrevisté hace algunos años a una joven en Perth, Australia, que padecía desde hacía mucho tiempo de migrañas, dolores de cabeza, sinusitis, problemas estomacales y agudos ataques de asma. Me contó una historia sórdida de dureza, hostilidad y odio hacia su madre. Le pregunté dónde estaba su madre y me contestó: «¡Ah!, murió hace diez años». Parece que su madre dejó todas las propiedades a su hermana en Nueva Zelanda. Y en ese largo lapso se había estado emponzoñando con el veneno mental llamado odio. Aquí está el verdadero «asesino».

Razonemos juntos

Al tocar el tema de nuevo y razonarlo en voz alta, esta mujer se dio cuenta de que su madre había actuado según su capacidad. Había hecho lo que le había parecido mejor, de acuerdo con su aptitud mental. La joven entrevistada sacó, como enseñanza, que era menester tener una nueva actitud mental y rezar por su madre, y, de ahí, aprobar su propia conducta y la de su madre. Lloró con profusión, lo cual fue bueno. Sirvió de descarga. Me dijo: «¡Que Dios bendiga a mi madre y el amor divino la acompañe, donde sea que esté!». Esto resultó ser el bálsamo necesario para sanar; fueron palabras de amor y de buena voluntad. Rezamos juntos por su madre, cayendo en cuenta que ésta estaba rodeada de amor, paz y belleza, que un torrente de paz divina llenaba su alma, y que a ella misma Dios la había iluminado e inspirado. Le sobrevino un cambio maravilloso. Una luz iluminó sus ojos, una sonrisa apareció en su faz y una aureola pareció que la cubría y envolvía. Todo el odio se esfumó con el resplandor de su amor.

«Transformaos mediante la renovación de vuestra mente» (Rm 12,2).

Capítulo seis

Cómo orar en busca de orientación

El poder que mueve el universo es el depósito ilimitado de poder que reside en cada persona. Al aprender a orar en busca de orientación, aprendemos a aprovechar esas fuerzas con libertad con la simple determinación de los objetivos por los que rezamos. Sin embargo, es todavía un misterio, oculto en la mente infinita, saber *cómo, cuándo, dónde* o *por qué fuente* llegarán las respuestas a la oración. La mente finita del ser humano sólo implanta el pensamiento en la mente subconsciente por medio de la cual la mente infinita actúa. Por la oración tenemos que aprender que no podemos limitar la eficacia de la reacción divina intentando poner exigencias en cuanto al tiempo, lugar y forma.

La orientación le llega a un médico casi al final

La mente subconsciente guió al doctor A. J. Cronin, el reconocido autor de *The Citadel** y otras muchas novelas. Es-

* (N. del T.) Hay versión en español. Archibald Joseph Cronin: *La ciudadela.* Plaza & Janés, Barcelona, 1995.

cribió un artículo en uno de los periódicos locales, donde explicó que, después que su salud empeoró, tuvo que descansar por un año porque le habían dicho que podía ser que ya nunca más estuviera en condiciones físicas de soportar el desgaste natural de la vida médica. Por aquel entonces, el doctor Cronin estaba a punto de alcanzar su más grande ambición, la de convertirse en un especialista de la Harley Street,* en Londres. Un amigo lo animó con el siguiente pensamiento: «Como sabes, nosotros tenemos un dicho en Irlanda. Si el buen Dios te cierra una puerta, Él te abrirá otra».

El doctor Cronin escribió esto algún tiempo después, mientras descansaba en las Tierras Altas occidentales de Escocia, y le acometió un impulso de escribir. El resultado fue *Hatter's Castle*.** Envió el manuscrito a un editor, que lo aceptó. Se había cerrado una puerta, pero la sabiduría del subconsciente había abierto otra, que lo condujo a una carrera lucrativa y de éxito. Emergieron talentos especiales que no sabía que poseía. Tu mente subconsciente hará lo mismo por ti cuando confíes en ella y creas que ella tiene la respuesta.

Tus deseos tienen forma de hacerse verdaderos

El deseo de todos es ser, hacer y tener. Quizá te estés diciendo en tu interior: «Quiero ser actor, actriz, escritor, ingeniero o un gran músico».

* (N. del T.) El autor se refiere a The Harley Street Clinic, en el centro de Londres, una de las clínicas privadas más famosa de Inglaterra.

** (N. del T.) Hay versión en español: *El castillo del odio*. Diana, México, 1964.

Hay un artículo publicado en la sección «This Week», de *Los Angeles Times*, de hace algunos años, escrito por una conocida figura de la música, que se titulaba: «Observa tus deseos».

En este artículo, ella escribía que los deseos son pensamientos vibrantes, con vida, y dispuestos a la acción. Tienen el poder de producir luz y belleza. Lo que ella deseó en su vida lo alcanzó hasta el punto de que ahora «vigila sus deseos» para estar segura de que valen la pena.

Como el jardinero cultiva su parcela, la deja libre de hierbajos y hace que crezcan las flores y frutas que precisa, así también el hombre puede cuidar el jardín de su mente, eliminar todos los pensamientos malos, inútiles e impuros y cultivar hasta la perfección las flores y frutos de pensamientos buenos, útiles y puros. Continuando con este procedimiento, uno descubre, más tarde o más temprano, que él es el maestro jardinero de su alma, el conductor de su vida.

Un inspector de policía atrapó al delincuente

Hace unos meses le expliqué a un conocido inspector de policía cómo podía resolver un difícil caso por medio de la mente subconsciente. Empecé mi explicación de esta manera:

Cuando te acuestas, si le dices a tu subconsciente que te despierte a las seis de la mañana, seguro que lo hará. La razón es que tú a las seis en punto de la mañana estás pensando. Estás pidiendo en forma automática una respuesta, de parte de la mente subconsciente, sobre todo lo que está confirmado en tu mente racional consciente. Cuando tu pensamiento es claro y preciso, y crees en el poder de tu mente subconsciente para manifestarse, la respuesta de tu subconsciente llegará con rapidez. Le aseguré a este inspector de policía que la mente subconsciente conocía dónde se escondían todos los participantes del delito, el paradero de su guarida y el modo de encontrarlos.

Todo lo que un hombre ha pensado a lo largo de su vida, los recuerdos de todo lo que ha vivido o sucedido en este planeta, está grabado fielmente en el subconsciente universal. Y el subconsciente personal de cada individuo es uno con el subconsciente universal, o, como lo llama Carl Jung, con el inconsciente colectivo de la humanidad.

Ésta es la técnica simple que le ofrecí al mencionado inspector:

> *Sosiega tu mente; tranquiliza tu cuerpo: dile a éste que se relaje; debe obedecerte. Tu cuerpo no tiene voluntad propia, iniciativa o inteligencia en sí mismo. Es un disco de emociones que graba tus creencias y tus impresiones. Inmoviliza tu atención; enfoca tu pensamiento en la solución a tus problemas. Intenta resolverlos con tu mente consciente. Piensa en lo feliz que serías con la resolución perfecta del caso. Si tu mente divaga, con delicadeza regrésala al pensamiento original. En este estado de somnolencia y sopor, di con toda calma y de forma categórica: «La respuesta ahora es mía; sé que mi mente subconsciente conoce la respuesta». Vive ahora el clima de la solución. Capta los sentimientos que tendrías si ahora ya tuvieras la solución final. Deja que tu mente se deleite y se relaje en este clima; entonces, vete a dormir. Te dormirás antes de lo que esperabas, pero estarás pensando en la respuesta; no será tiempo perdido. Cuando despiertes y aún no tengas la respuesta, ponte a trabajar en otra cosa. Con toda seguridad, mientras estás ocupado*

con tu trabajo, la respuesta acudirá a tu mente, como el agua cae sobre la tierra en un día lluvioso.

Siguió estas sencillas instrucciones, a las que se puede recurrir todas las noches para resolver cualquier problema. A la mañana del cuarto día en que siguió este procedimiento la respuesta llegó a su mente consciente mientras se estaba afeitando. El porqué ocurrió mientras se afeitaba es debido a que estaba relajado; y, entonces, la inteligencia e intuición de la mente subconsciente alcanzan la superficie, es decir, la mente racional consciente.

El subconsciente te orientará, pero tienes que llegar a una conclusión o juicio definitivo en tu mente consciente. No debes vacilar ni flaquear. En otras palabras, tienes que convencerte, como el inspector de policía mencionado, y pensar y saber que la respuesta o la solución la tienes tú, porque el que sabe y ve todo, está dentro de ti.

Cómo frenar el bloqueo de la respuesta

Hombres y mujeres están siempre buscando soluciones y respuestas para los problemas diarios, como en los siguientes casos: ¿Aceptaré este puesto de trabajo o me quedo donde estoy?; ¿invertiré en esta propiedad?; ¿vendo o no vendo mi casa?; ¿disuelvo esta sociedad o formo una nueva?; ¿me caso con esta persona?; debo resolver este problema antes de la medianoche, ¿qué decisión tomo?.

Muchos, sin saberlo, bloquean la respuesta a estas preguntas complejas, y a otras que se les pueden presentar, al fracasar en la comprensión de las elaboraciones de la mente más profunda o subconsciente. Debemos recordar que en el mismo momento en que el subconsciente *acepta* una idea, de inmediato empieza a realizarla. Emplea todos los poderosos recursos a su alcance para este fin y moviliza todas las fuerzas ilimitadas, mentales y espirituales, de nuestro interior profundo. Esta ley se cumple para buenas y para malas ideas. En consecuencia, si las utilizamos en forma negativa, nos traerán dificultades, fracasos y confusión. Si las utilizamos en forma positiva, nos brindarán orientación, libertad y paz del espíritu. La respuesta correcta es ineluctable cuando nuestros pensamientos son positivos, constructivos y afectuosos. La deducción obvia es que lo único que debemos hacer es lograr que el subconsciente acepte una idea sintiendo su realidad presente, y la ley de nuestra mente hará el resto. Pasamos el pedido con fe y confianza, y el subconsciente se hace cargo.

Bloqueamos nuestro progreso y la respuesta a nuestros problemas con frases de este estilo: «Las cosas se están poniendo cada vez peor»; «nunca obtendré una respuesta»; «no veo ninguna salida»; «esto no tiene solución»; «no sé qué hacer»; «estoy hecho un lío». Cuando usamos estas expresiones, no obtenemos ninguna respuesta ni colaboración de la mente subconsciente. Como soldados marcando el paso, no vamos hacia delante ni hacia atrás; dicho de otro modo, no vamos a ningún lado. Si subimos a un taxi y en cinco minutos le damos al chófer una docena de direcciones diferentes, el taxista se quedará confundido sin remedio y, con toda seguridad, no querrá llevarnos a ningún sitio. Lo mismo ocurre cuando actuamos con nuestra mente subconsciente: debemos tener una idea muy bien definida en nuestra mente. Hemos de llegar a la decisión concreta de que hay una salida, una solución a los intrincados problemas. La inteligencia infinita dentro del subconsciente conoce la respuesta. Cuando en nuestra mente consciente alcanzamos la conclusión específica, nuestra mente ya está convencida, y se realiza en nosotros tal cual, según lo que creemos.

Creer es sólo un pensamiento o una idea mantenidos en la mente, y conforme sean las características de ese pensamiento, surgirá la correspondiente respuesta. Si nuestra idea es «no veo ninguna salida» o «no obtendré ninguna respuesta», estamos provocando una definitiva respuesta de confusión y caos. Si nuestro pensamiento es sensato, la reacción o respuesta será sensata. Ya sabemos que una acción es sólo la expresión externa de un pensamiento. Nuestra acción o decisión constructiva no es más que la manifestación de un pensamiento, inteligente y verdadero, mantenido en nuestra mente. El sentido común es una expresión de la orientación y sabiduría internas. Después de pedir por orientación o por una respuesta, no podemos olvidarnos de poner las necesarias y convenientes piedras escalonadas para nuestro fin. No bloqueamos nuestra respuesta cuando sólo pensamos acerca de la solución, porque sabemos que nuestro pensamiento incentiva al subconsciente que lo sabe todo, lo ve todo y tiene conocimientos y experiencia para saber cómo hacerlo.

Puedes elegir confianza, éxito y victoria

La Biblia dice: *«Elegid hoy a quien habéis de servir»*. La clave de la salud, la felicidad, la paz del espíritu y la abundancia reside en la capacidad para elegir. Cuando aprendamos a pensar correctamente, dejaremos de escoger sufrimiento, infelicidad, pobreza y limitaciones. Y optaremos, al contrario, por el tesoro que izase en el hogar infinito dentro de nosotros. Cada uno dirá, de modo directo y convencido: «Prefiero la felicidad, la paz, la prosperidad, la sabiduría y la seguridad». En el instante en que lleguemos a esta conclusión definitiva en nuestra mente consciente, nuestra mente subconsciente, apoyada por el poder y la sabiduría del infinito, vendrá en nuestra ayuda, llegará la orientación y nos será revelado el modo o el camino para su realización.

Pide con determinación y actitud positiva, sin la menor vacilación, duda o temor. «Sólo existe una fuerza creadora y es la de mi propio y profundo ser. Hay una solución para cada problema. Esto lo sé, lo determino y así lo creo.» Mientras afirmamos estas verdades con valentía, recibiremos la orientación que buscamos y se nos revelarán los pasos que hemos de dar.

Cómo salir de la selva si te pierdes

Al echar mano de la mente subconsciente, debemos recordar que ésta razona de manera deductiva. Sólo ve el fin y, por tanto, lleva la característica de la premisa a una conclusión lógica y secuencial en la mente consciente.

Cuando tenía once años me perdí en la selva. Al principio, me invadió el terror y, entonces, comencé a pedir a Dios que me guiara para salir. Me asaltó una corazonada muy fuerte que me llevó a tomar el camino en una determinada dirección. Esta pulsión o tendencia interna del subconsciente, que seguí, resultó ser correcta y, de modo milagroso, después de dos días, llegué hasta donde fui recibido con los brazos abiertos por una partida de rescate. Esta pista fue iniciativa de la mente subconsciente que conocía el camino para salir de la selva.

Muchos seres humanos viven en una selva mental de pensamientos confusos, aterradores y neuróticos. Tú exige con toda energía que la sabiduría subconsciente dentro de ti traiga orden, paz y armonía en tu vida. A medida que, con regularidad y en forma sistemática, hagas esto, se seguirán indefectiblemente resultados positivos, porque la sabiduría, el poder y el amor, de entre los recursos infinitos del subconsciente, se movilizan a tu favor. Las fuerzas todopoderosas del subconsciente nunca fallan.

Planta orquídeas en el jardín de tu mente

Piensa en un jardín. Entonces, comprenderás los dos aspectos de la mente y de la ley subjetiva por la cual funciona. La mente consciente planta semillas en la tierra y decide qué clase de semillas va a plantar. Como es lógico, la tierra hará crecer aquello que se plante en ella; pueden ser vides o espinos.

De modo semejante, contempla la mente subconsciente como si fuera la tierra. Ésta contiene todos los elementos esenciales para el crecimiento. Pero entendamos, también, que son las características de la tierra las que harán producir, sabiendo que lo producido no tiene en absoluto nada que ver con esas características. No le importa a la tierra que se trate de una hierba maligna o de una orquídea. Se infringirían todas las leyes de la naturaleza si la tierra rehusara a hacer crecer plantas ponzoñosas, si la mente consciente ha elegido que crezca eso.

Justo lo mismo es verdadero para la mente subconsciente; es emprendedora; nunca discute o protesta; acepta lo que se le deposita y lo reproduce sea, según tu propia experiencia, bueno o malo. Planta *lo que es verdadero, justo puro, amoroso, noble y bueno,* y florecerán orquídeas en el jardín de tu mente, de tu cuerpo y de tu experiencia.

El secreto de las buenas acciones

Dirige tu mente a pensar en la respuesta correcta hasta que encuentres que ésta yace dentro de ti. La respuesta es un sentimiento, una toma interna de conciencia, una intuición muy potente con la que caes en cuenta de que lo sabes. Tú has usado el poder y la sabiduría del subconsciente hasta donde él empieza a usarte.

En la Segunda Guerra Mundial, yo solía rezar por un joven soldado. Su madre me había contado que había recibido un telegrama con la noticia de que había muerto en combate. Sentí que eso no era cierto y así se lo hice saber a ella. Claro, no tenía pruebas para demostrarlo, pero en mi fuero interno tenía la fuerte convicción de que el muchacho estaba vivo. Los sucesos posteriores probaron la certeza de mi convencimiento. Estaba y está todavía bien vivo.

No puedes en absoluto fracasar o dar un paso en falso mientras creas y actúes bajo la dirección de la sabiduría inconsciente en tu interior. Recibirás orientación, según tu pensamiento habitual. Si piensas y vives con temores, contrariedades y frustraciones, serás guiado en la dirección equivocada y tus experiencias serán más caóticas y confusas.

Acepta este gran pensamiento y vívelo. No existe nada de que tener miedo en todo el universo. Tienes el poder y el control por medio del uso inteligente de tu mente subconsciente. La seguridad activa el poder subconsciente y pone en funcionamiento su sabiduría para tu provecho.

Con toda tranquilidad y sosiego, siéntate ahora e imagina un hermoso lago entre las montañas. En la superficie calma del lago ves reflejadas las estrellas, la luna y los árboles cercanos. Si se agita el agua ya no podrás ver nada reflejado. *Así, también, apacigua tu mente, relájate y déjate llevar.* Recapacita en paz y quietud. *Piensa que la respuesta acertada siempre llega de manera serena.* Entonces, en la superficie reflejada de tu mente aparecerá la respuesta a tu pregunta.

Capítulo siete

Cómo la oración elimina obstáculos

David Bloch aseguró que tenía un ingreso anual de 30.000 euros, pero que en los últimos tres meses parecía que se te cerraban todas las puertas en el último momento. Negociaba con los clientes hasta el momento en que tenían que poner la firma en la transacción, entonces, cuando faltaban dos segundos para terminar el día, se cerraba la puerta. Añadió que quizás le perseguía la mala suerte o una maldición. Discutiendo el tema con él, descubrí que tres meses antes había estado muy irritado, molesto y resentido contra un dentista que, después que le hubiera prometido firmar un contrato, en el último momento se había arrepentido. Empezó en el inconsciente a vivir con el miedo de que otros clientes hicieran lo mismo y, por tanto, se formara una cadena de frustraciones, hostilidades y obstáculos. Poco a poco se apoderó de él la creencia mental en obstrucciones y cancelaciones de último momento; hasta que el círculo vicioso quedó establecido. «Lo que más temía, me ha sucedido.» David Bloch comprendió que el problema estaba en su propia mente y que debía cambiar su actitud mental.

Este período de supuesta desgracia se interrumpió de la siguiente manera: «Entiendo que soy una sola cosa con el infinito, que no conoce obstáculos, dificultades o atrasos. Vivo con la esperanza gozosa de que me ocurrirá lo mejor. La mente profunda responde a mis pensamientos. Sé que no se puede impedir el trabajo del ser infinito. Dios siempre termina con éxito lo que ha empezado. Dios opera a través de mí y lleva todos mis planes y propósitos a su fin. Lo que comience, lo voy a terminar con éxito. Mi objetivo es brindar un servicio de primera; todos a quienes contacte estarán contentos por lo que les ofrezco. Toda mi labor rendirá su fruto pleno. Le doy las gracias a Dios por todo ello».

Repitió esta oración cada mañana antes de llamar a los clientes y también la rezó todas las noches antes de irse a dormir. Al poco tiempo, recuperó su antiguo y conocido ritmo de vendedor exitoso.

Causa y efecto

Este vendedor eliminó los obstáculos después de entender que todo lo que había experimentado en su vida era la expresión de sus pensamientos y creencias. Cuando modificó su pensamiento, el cuadro externo también cambió. Descubrió que la historia de su vida era, en verdad, la historia de las relaciones entre él y Dios.

Los obstáculos del alcohólico

Gabriel me visitó un día mientras daba una serie de conferencias en Auckland, Nueva Zelanda. Se trataba de un alcohólico crónico que había probado todas las «curaciones» posibles sin éxito; aseguraba que por períodos le asaltaba una incontrolable pulsión de beber. Era víctima del hábito y como los actos que lo llevaban a la embriaguez se sucedían con tanta frecuencia, había establecido ya una pauta subjetiva en su subconsciente.

Dado que el alcohólico ha cedido tantas veces a su ansia, teme que caerá una vez más; ello contribuye a sus repetidas recaídas debido a la sugestión de la mente subconsciente. Es la imaginación lo que causa que el alcohólico vuelva a beber en forma recurrente. Las imágenes que ha impreso en la mente subconsciente empiezan a dar su fruto. Imagina una fiesta con bebidas, donde hay copas llenas y copas vacías; luego imagina que a continuación se siente cómodo y alegre, con una sensación de relajamiento. Si permite que su imaginación siga volando, irá al bar a comprar una botella de alcohol.

El bebedor se esfuerza y emplea toda su fuerza de voluntad para superar el hábito, o «la causa», como le gusta llamarlo. Pero cuantos más esfuerzos y fuerza de voluntad ponga, más atrapado, sin esperanza, quedará en las arenas movedizas de las buenas intenciones.

La ley del esfuerzo invertido

Invariablemente el esfuerzo resulta contraproducente y siempre sucede lo contrario de lo que se pretendía. La razón de esto es obvia. Las señales de impotencia para superar el hábito dominan la mente; la idea dominante siempre controla el subconsciente. La mente subconsciente aceptará la sugerencia más fuerte de dos proposiciones contradictorias. El camino sin esfuerzo es siempre el preferido.

En 1910, la Escuela Francesa de Terapia dio una explicación al término que denominó «la ley del esfuerzo invertido». Cuando tu deseo y tu imaginación entran en conflicto, la imaginación siempre sale vencedora. Por ejemplo, a un alcohólico le oirás lamentarse con frases como: «Paso por mil sufrimientos. Lo intento con todas mis fuerzas. Me esfuerzo al máximo. Uso todos los recursos de la voluntad a mi alcance». Tiene uno que haber pasado por todo esto para caer en cuenta de que el error reside en cómo se esfuerza; a partir de esta realización se empieza a romper con el hábito.

Si, por ejemplo te piden que pises una tabla en el suelo, lo harás sin discusión. Ahora imagina que la misma tabla está situada a diez metros de altura entre dos muros, ¿andarías sobre ella? Tu intención de hacerlo chocaría con tu imaginación: tu obstáculo mental sería el miedo a caerte. La idea dominante vencería. Tu intención, deseo o esfuerzo para caminar se invertiría y la idea dominante de un traspié se reforzaría.

Si una persona dice «quiero dejar el alcohol, pero no puedo», es posible que desee renunciar a la bebida, pero cuanto más se esfuerza, menos capaz es de hacerlo. Nunca trates de obligar a la mente subconsciente que acepte una idea por la fuerza de tu voluntad. Estos intentos están condenados al fracaso. La mente subconsciente se somete a la que es dominante de dos afirmaciones contradictorias. Es semejante a un hombre, sumido en la pobreza, que diga «soy rico». En muchos casos, su afirmación lo hace más pobre. La simple razón de ello es porque su pobreza es mucho más grande que su creencia en la abundancia que pregona, pero de la que carece, cada vez que dice esa frase. Este ejemplo ilustra la ley del esfuerzo invertido. Dicho con otras palabras, la mente subconsciente reacciona con un resultado inverso a lo que se buscaba.

La causa de los fracasos repetidos

Le hablé a Gabriel de un alcohólico de otra ciudad, al que había tratado un tiempo antes. Ese hombre me dijo: «No beberé una gota de licor durante seis meses y disfrutaré este triunfo. Todos mis amigos me felicitarán y alabarán mi fantástica fuerza de voluntad».

Y añadió: «Luego, un impulso incontrolable se apoderará de mí y estaré borracho durante dos semanas.» En verdad, esto le había sucedido cada tanto. Los esfuerzos de su voluntad suprimían por un tiempo el deseo, pero los esfuerzos continuos para negar sus múltiples impulsos, terminaban por empeorarlo todo. Los repetidos fracasos le convencieron de que era un caso perdido e impotente para controlar su necesidad u obsesión. Esta idea de impotencia sirvió de fuerte sugestión para su mente subconsciente, incrementó su impotencia y convirtió su vida en una sucesión de fracasos.

Le enseñé a *armonizar las funciones de las mentes consciente y subconsciente. Cuando ambas cooperan, se cumple la idea o deseo implantado en la mente subconsciente.* Su mente admitió las razones por las que había estado condicionado de modo negativo y reconoció también que podía estar condicionado de modo positivo. Empezó a dar vueltas en su cabeza la idea de que podía tener éxito. Cesó de pensar en que era incapaz de dominar el hábito. Además, comprendió con claridad que no había otro obstáculo a su cura que el de su propio pensamiento y que, por tanto, no era necesario un gran esfuerzo o una exigencia mental. El uso de la fuerza supone que existe oposición. Cuando la mente está concentrada en los medios para resolver un problema, no está más preocupada de los obstáculos.

El poder de la imaginación mental

Esta persona puso en práctica la relajación de su cuerpo, llevándolo a un estado de relajamiento, de somnolencia y de meditación; entonces, llenaba la mente con la imagen del fin que deseaba obtener, sabiendo que el subconsciente se lo conseguiría del modo más fácil. Se imaginaba a su hija felicitándole por estar libre y diciéndole: «¡Papá, es maravilloso tenerte en casa!». Por causa de la bebida había perdido a su familia. No estaba autorizado a visitarlos; ni su esposa le hablaba.

En forma regular y sistemática, solía sentarse y meditar como lo acabo de describir. Cuando su atención divagaba, volvía a la imagen de su hija sonriendo y a la escena del hogar, animado por las cualidades y el tono risueño de la niña. Todo eso lo ayudó a un nuevo acondicionamiento de su mente. Fue un proceso gradual. Se mantuvo firme y perseveró, sabiendo que, más tarde o más temprano, tendría éxito en impregnar su mente subconsciente con dicha imagen mental. Le expliqué que la mente consciente era la cámara fotográfica, y su mente subconsciente era la película sensible sobre la cual él registraba e impresionaba su imagen mental. Esto lo conmovió profundamente; todo su objetivo se volcó en imprimir esa imagen y revelarla en su mente. La película se revela en un cuarto oscuro; así también las imágenes mentales se revelan en el cuarto oscuro del subconsciente.

Atención focalizada

Al comprender que su mente consciente era una máquina común de sacar fotos, no se esforzó más. No se trataba de una lucha mental. De manera sosegada, ajustó su pensamiento y enfocó la atención en la escena representada frente a él, hasta que poco a poco se identificó con ese cuadro. El clima mental de éste lo dejó absorto; repitió el filme con frecuencia. No había lugar para ninguna duda: la sanación llegaría pronto. Cuando le sobrevenía alguna tentación de beber, desconectaba su imaginación de ensueños de reuniones con licor para conectarse con el sentimiento de estar en su casa con la familia. Tuvo éxito porque confió en que experimentaría el cuadro mental que había dibujado. Hoy es el presidente de una empresa que factura millones de dólares y es un hombre radiante de felicidad.

La causa del alcoholismo

La verdadera causa del alcoholismo son los pensamientos negativos y destructivos, porque «cual es el pensamiento del hombre, tal es él». El alcohólico tiene un profundo sentimiento de inferioridad, de inadaptación, de fracaso y de frustración, en general, acompañados de una enorme hostilidad interna. Tiene incontables pretextos para justificar su afición a la bebida, pero la única razón válida se funda en *la vida que imaginan*. Si eres alcohólico, reconócelo y no eludas la cuestión. Muchos alcohólicos continúan así porque se niegan a admitir su alcoholismo.

Su enfermedad se funda en la inestabilidad, en el temor interno. Se rehúsa a enfrentar la vida y huye de sus responsabilidades a través de la botella. Lo significativo del alcohólico es que carece de libre albedrío; piensa que goza de libertad y alardea de su fuerza de voluntad. El bebedor consuetudinario dice con entusiasmo: «Ya no volveré a beber nunca más». Pero no tiene fuerzas para respaldar esta afirmación.

Son muchos los que se encuentran en la misma situación que Gabriel. En cuanto se dan cuenta de que el problema del alcoholismo radica en que ellos se crean el problema y viven en la propia prisión psicológica de temores, falsas creencias, rencores y hostilidades, entonces están preparados para un nuevo acondicionamiento de sí mismos para reaccionar de modo constructivo. En el momento en que expresan un deseo sincero de liberarse de los anteriores hábitos, están un cincuenta y uno por ciento curados.

A continuación sigue un programa de oraciones para eliminar obstáculos mentales.

La técnica empleada para sanar

No hay nada nuevo en la siguiente técnica que usó Gabriel. Es tan vieja como el mismo hombre. La sabiduría más antigua y común afirma: «Cual un hombre imagina y siente, tal es él».

Primer paso. Quédate quieto, pon en orden tu mente. Entra en un estado de ensoñación, de sopor. En esta condición relajada, calma y receptiva, estás preparado para el segundo paso.

Segundo paso. Selecciona una frase que se pueda grabar con facilidad en la memoria y repítela una y otra vez como si fuera una letanía (la técnica de la Escuela de Salud de Nancy). Emplea la frase: «Ahora tengo sobriedad y paz de espíritu, y doy gracias por ello». Para impedir que la mente divague, repítela en voz alta o esboza su pronunciación con los labios y la lengua mientras la dices con el pensamiento. Esto ayuda a que penetre en la mente subconsciente. Hazlo durante cinco o más minutos. Te encontrarás con una respuesta emocional profunda de tu mente subconsciente.

Tercer paso. Antes de irte a dormir, practica lo que Goethe solía hacer: imagina a un amigo o a un ser querido frente a ti. Tus ojos están cerrados; estás relajado y tranquilo. La persona delante de ti está de manera subjetiva presente y te dice: «¡Felicitaciones!». Ves su sonrisa, oyes su voz. Tocas su mano y su cara; todo parece tan real y vívido. La palabra *felicitaciones* implica libertad total. Escúchala una y mil veces hasta que obtengas la respuesta que te satisfaga.

Usa la técnica de los pasos recién mencionada, tres o cuatro veces al día y por la noche antes de acostarte: imagina el final: la victoria. Contempla la realización y el cumplimiento de tu deseo; mantén tu fe en cada paso de este camino, sabiendo que si has imaginado y sentido el final, también has querido los medios para la conclusión con éxito.

Ahora estoy pensando en un hombre casado con cuatro hijos, que en secreto, durante sus viajes de negocios, vivía con otra mujer a la que mantenía. Estaba enfermo, nervioso, irritable, de mal genio y no podía dormir sin tomar pastillas. Tenía dolores en muchas partes del cuerpo, dolores de los que los médicos no podían diagnosticar la causa. Era un alcohólico empedernido cuando lo vi por primera vez. La razón de estas rachas periódicas era un sentimiento profundo e inconsciente de culpa. Había violado el viejo código moral y esto lo perturbaba. El credo religioso, con el que había sido educado, estaba arraigado muy profundamente en su subconsciente; bebía con profusión para sanar la herida de su culpa. Algunos enfermos toman morfina y codeína cuando sufren dolores muy fuertes; él tomaba alcohol por el dolor o la herida de su mente. No hacía otra cosa que repetir el conocido proverbio de echar gasolina al fuego.

Escuchó el modo como opera su mente, enfrentó el problema, lo consideró con cuidado y abandonó su doble vida. Sabía que beber era un intento subconsciente de escapar. El origen oculto de su bebida, asentado en el subconsciente, tenía que ser erradicado; después seguiría la sanación.

Cuando empezó a considerar su problema a la luz de la razón, aquél desapareció. Comenzó a usar el siguiente tratamiento tres o cuatro veces al día:

> *«Mi mente está colmada de paz, sensatez, ecuanimidad y equilibrio. El poder infinito de Dios descansa, desplegado y sonriente, dentro de mí. No tengo miedo de nada del pasado, del presente ni del futuro. Su inteligencia infinita me lleva, me guía y me dirige por todos los caminos. Ahora enfrento todas las situaciones con fe, sensatez, calma y confianza. Ahora ya estoy libre del todo de mi hábito; mi espíritu está pleno de paz interna, libertad y alegría. Me perdono y, entonces, también soy perdonado. Paz, sobriedad y confianza dominan por completo mi mente».*

Repitió esta oración con frecuencia, sabiendo lo que hacía y por qué lo hacía. Saber lo que hacía le dio la fe y la confianza necesarias. Le expliqué que estas afirmaciones, pronunciadas en voz alta, despacio, con amor y con sentido, mientras las decía, penetraban de a poco en su mente subconsciente, como semillas que crecen según su especie. Le expliqué que su mente subconsciente era como un jardín; si plantas buenas semillas, tendrás una cosecha magnífica. Está en la naturaleza de las semillas de la manzana producir manzanos. Estas verdades, en las que se concentraba, le entraban por los ojos, sus oídos escuchaban el sonido y las vibraciones sanadoras de estas palabras llegaban a su mente subconsciente y borraban todas las pautas mentales negativas que daban lugar a sus problemas. La luz disipa las tinieblas; el pensamiento positivo destruye el pensamiento negativo. En un mes se transformó en otro hombre.

Tienes que seguir intentándolo

Cuando el miedo toca a tu puerta o cuando las preocupaciones, la angustia y las dudas cruzan por tu cabeza, mantén en alto tu visión. Piensa en Dios, cree en Él, y un poder infinito se generará en tu mente subconsciente y te proporcionará confianza y fuerza plenas. Sigue intentándolo «hasta que el día amanezca y la noche se retire».

Capítulo ocho

Cómo perdonar por medio de la oración

En esencia, debemos estar en paz con nuestro prójimo, antes de que podamos orar con eficacia. Pero he encontrado algunas fórmulas concretas de oración que ayudarán a resolver fricciones e incomprensiones que ocurren a diario, en casa y en el trabajo. Un nuevo planteamiento constructivo del problema puede acelerar el restablecimiento de la armonía entre las partes involucradas.

Hace muy poco acudió una persona a mi despacho de muy mal talante. Un compañero de trabajo había hecho circular el rumor de que él había falsificado algunos informes. Con énfasis negó que hubiera algo de verdad en esta aseveración.

Le aseguré que lo que decía su compañero equivalía a una mentira, y que una mentira no se sostiene frente a la verdad. Le aconsejé que se sosegara y que con calma reivindicara que existía una perfecta armonía, concordia y entendimiento entre los dos.

Con rapidez se dio cuenta de dónde estaba el punto. Afirmó que su camarada conocía la verdad, dijo la verdad y que había un gran entendimiento entre ellos. Cuando, a su debido tiempo, se desarrolló una cordial amistad entre los dos hombres, el primero descubrió que el problema se había originado en sus propias burlas de una sugerencia que el otro había hecho en una conferencia anterior. Cuando comprendió esto, mi consultante decidió aplacar su crítica con tacto y diplomacia; había padecido del efecto bumerán de las burlas. Liberado de la irritación y el rencor, disfrutó de un clima de comprensión y cordialidad.

Aprender a ser agradecido por las críticas

El otro día hablaba con una maestra. Alguien le había escrito una carta crítica en la que le decía que ella hablaba muy aprisa, que se comía algunas letras, que no se la podía oír bien, que su dicción era deficiente y que su expresión era pobre. Esta maestra estaba furiosa, pero tuvo que admitir que las críticas eran justas. Su primera reacción fue infantil; después concedió que la carta en verdad había sido una bendición y un estupendo correctivo. Así que procedió de inmediato a mejorar las deficiencias de su comunicación oral, inscribiéndose en un curso de oratoria. Escribió y agradeció al que le había escrito la nota por su interés y le manifestó su aprecio por las consecuencias y resultados, que le permitieron corregir enseguida las fallas.

Cómo ser compasivo

Supongamos que nada de lo que mencionaba la carta sobre la maestra hubiera sido cierto, ésta se hubiera dado cuenta de que los temas que explicaba en clase habían suscitado los prejuicios, supersticiones o creencias sectarias e intolerantes del autor de la carta, y que se trataba de una persona con problemas psicológicos que estaba sólo desahogando su resentimiento porque le había reventado un absceso de su psique. Comprender el hecho es ser compasivo; el siguiente paso lógico es orar por la paz, armonía y entendimiento de la otra persona. Ninguna crítica puede afectarte sin tu consentimiento mental. Debes ser siempre dueño de tus pensamientos, reacciones y emociones. El sentimiento va detrás del pensamiento, y tú tienes el poder de rechazar cualquier pensamiento que pueda perturbarte o molestarte.

Deja de culpar a Dios

Una persona me dijo una vez que todo le iría bien si únicamente Dios lo dejara solo. Creía que Dios lo estaba castigando y le ponía obstáculos en su camino; ésta era la razón de su enfermedad y de su fracaso laboral. Yo le pregunté: «¿Qué es Dios?», y él me replicó: «La Biblia dice que Dios es amor». Un Dios de amor es la respuesta a todos nuestros problemas.

Qué es Dios y dónde está

Jesús llamó a Dios «Padre nuestro», lo que quiere decir que nos enseñó que todos nosotros tenemos un Padre común, que todos somos hermanos. Dios es vida; todos nosotros y todas las cosas provienen del único principio vital. La palabra *padre* denota amor, cuidado, protección y provisión. La palabra *padre* también significa el Creador, el principio creador de la vida, el poder infinito, el ser supremo, del cual emanan todas las cosas. Jesús dijo que «Dios es espíritu».

Tú no puedes ver el espíritu; no tiene forma ni figura. No puedes ver tu mente, tu espíritu, que es Dios dentro de ti. Dios está dentro y fuera de cada uno, pues Dios o la vida es omnipresente. Dios está en tu mente o conciencia. Localiza a Dios dentro de ti. Cuando dices «cielo», esto representa el poder espiritual invisible sin cara, forma o figura. *«El Padre que permanece en mí es el que realiza las obras.»** Por ejemplo, cuando apartas una silla, no es tu cuerpo el que lo hace, sino el espíritu en tu interior, el poder creador o Dios. Cuando caminas o levantas el teléfono, es la presencia invisible de Dios que obra en tu cuerpo, teléfono, máquina de escribir o lo que sea. El motor inmóvil que mueve todas las cosas está dentro de ti. Padre nuestro es el nombre dado a este Dios todopoderoso o a la presencia de Él dentro de nosotros para recordarnos que es un poder generoso y considerado. La mente finita nunca podrá comprender del todo lo infinito, pero sí se puede aprender con seguridad de nuestros poderes internos. Podemos aprender sobre el poder de nuestros pensamientos y sentimientos, de nuestras acciones y reacciones, y es mucho lo que podemos conocer sobre las leyes de nuestro propio ser.

Sanar por medio del perdón

Le hablé a la persona, mencionada unos párrafos antes, de esta manera: «Si crees que Dios es un ser cruel, tiránico y

* (N. del T.) Jn 14,10.

vengativo, vas a experimentar los resultados de tu pensamiento negativo. Si piensas que Dios te está castigando o probando, tu pensamiento negativo y tu fantasía impresa en tu subconsciente te causarán que sufras en conformidad. De hecho, te estás castigando a ti mismo».

Cuando vio el punto, convirtió en hábito orar varias veces al día como sigue: «Sé que Dios es un padre amoroso, la vida de mi ser, que vela por mí, me cuida, me guía y me inspira. Su poder espiritual representa una dicha y una bendición para mí. Dios me hace prosperar en todo lo que hago y yo mismo reflejo su forma divina. Sé que el reino de los cielos está dentro de mí, lo cual quiere decir que la inteligencia infinita, la sabiduría ilimitada, la armonía absoluta, el amor infinito, la omnipotencia todopoderosa y todas las cualidades y atributos de Dios yacen en lo profundo de mi subconsciente. Yo ahora reproduzco todas las cualidades y potencias de Dios pensando en Él y en su amor, y me muevo hacia delante, hacia arriba y hacia Dios».

Con estas o parecidas reflexiones oró varias veces al día. Al entronizar y vivir este nuevo concepto de Dios en su mente, todo el mundo mágicamente se transformó a imagen y semejanza de su idea usual. Al reposar con la mente en este concepto de Dios, experimentó la reacción de amor, paz, inspiración y energía. Ahora contemplaba a Dios como un padre que mostraba amor, atención y providencia en su vida. Sus negocios empezaron a prosperar y los órganos de su cuerpo se restablecieron hasta un funcionamiento normal. Ahora experimentó la alegría de vivir. Se *absolvió* de culpa; introdujo un nuevo concepto de Dios en su vida en vez de la primitiva idea de un monarca inescrutable, tiránico y despótico que vivía en algún lugar de los cielos.

Deja de ser indeciso

Nadie puede servir a dos señores. Uno no puede esperar que se cumpla el deseo de su corazón si cree que hay algún poder que está frustrando su deseo. Esta situación crea un conflicto y su mente se divide. Se queda quieto y no va a ningún lado. La mente debe funcionar como una unidad. Lo infinito no se puede dividir o multiplicar. El infinito debe ser uno: una unidad. No puede haber dos infinitos, porque uno entraría en conflicto con el otro; se neutralizarían mutuamente o se eliminarían el uno al otro. Tendríamos el caos en lugar del cosmos. La unidad del espíritu es una necesidad matemática, y no hay oposición con el único poder. Si hubiera algún poder que desafiara a Dios o al ser infinito, Dios dejaría de ser omnipotente o el ser supremo.

Ahora puedes darte cuenta de la confusión y caos que gobierna las mentes de quienes creen en dos fuerzas opuestas. Sus mentes están divididas porque tienen dos señores; esta creencia les provoca un conflicto, que da origen a que su poder y fuerza estén divididos.

Aprende a coger una sola dirección, creyendo que el Dios que te dio el deseo también te mostrará cómo cumplirlo. Las Sagradas Escrituras son muy enfáticas al hablar del único poder, cuando dicen: *«Escucha Israel; el Señor, nuestro Dios, es el único Señor».*[*]

* (N. del T.) Mc 12,29. Jesús toma las palabras literalmente del Deuteronomio, Dt 6,4.

¿Cuánto quieres lo que quieres?

Un joven le preguntó a Sócrates cómo podía obtener sabiduría. Sócrates le replicó: «Ven conmigo».

Lo llevó al río, le sumergió su cabeza en el agua, y la mantuvo firme así hasta que el muchacho jadeando gritó por aire, entonces se relajó y soltó la cabeza. Cuando el joven recuperó su compostura, Sócrates le preguntó: «¿Qué es lo que deseabas más cuando estabas debajo del agua?».

«Quería aire», respondió el muchacho.

Sócrates le replicó: «Cuando desees sabiduría tanto como deseabas aire cuando estabas con la cabeza sumergida en el agua, entonces la recibirás».

La persona que quiere *de verdad* paz de espíritu y sosiego interno los obtendrá. No importa cuan injusto haya sido tratado o lo mal que se haya portado su jefe con él o lo sinvergüenza que alguien haya sido, todo esto no tiene importancia para el hombre con mentalidad espiritual. Él sabe lo que quiere. No permite que los ladrones del odio, de la ira, de la hostilidad y de la enfermedad le roben la paz, la armonía, la salud y la felicidad. Conoce el camino ideal. Deja de molestarse con la gente, condiciones, noticias, hechos e identifica sus pensamientos de inmediato con sus objetivos en la vida. Sus objetivos son paz, salud, inspiración, orientación, amor, cordialidad, armonía y abundancia. No es difícil asimilar mentalmente la paz y, en silencio, afirmar que «un río divino de paz fluye ahora a mi través». El pensamiento del ser humano es el poder inmaterial o invisible, y elige que éste bendiga, inspire y le dé paz.

Ella consiguió otro novio

Me interesó y me entretuvo observar la reacción de Ariel, alumno de la carrera de física, ante la llamada telefónica de su novia. Ésta le comunicó que tenía otra pareja y que ya no saldría más con él. Ariel la felicitó y le deseó mucha suerte; luego me preguntó: «¿Desperdiciaré mi energía, con rabia e indignación, contra esta mujer o aplicaré mi energía a estudiar física para el examen de mañana?». Eligió esto último.

Éste es un excelente medio de concederse el perdón. Puedes permanecer calmo, imperturbable y objetivo como en el caso descrito. Tiene sentido. (Dicho sea de paso, Ariel conquistó al día siguiente a otra chica muy guapa.)

Abandonada al pie del altar

Hace ya algunos años fui invitado para celebrar un matrimonio en una iglesia. El novio no aparecía y después de dos horas de espera, la novia derramó unas lágrimas y me dijo: «Le he pedido a Dios que me guiara y ésta es una respuesta muy clara, porque Él nunca me ha fallado». Su reacción consistió en tener fe en Dios, lo que la sanó de inmediato. A otra mujer, en un caso similar, le hubiera dado una pataleta, arrebatos emocionales y hubiera necesitado sedantes y, quizás, hasta internarse.

Conéctate con el ser infinito y su amor, y confía en el poder divino del mismo modo que confiabas en tu madre cuando te sostenía en brazos. Así es como puedes adquirir presencia de ánimo, y salud mental y emocional.

Nadie me trata bien

Tenemos que mirar hacia el lugar correcto para encontrar las causas de nuestros problemas; ese lugar está dentro de nosotros. Las conversaciones de las personas emocionalmente inmaduras por lo general se pierden en excusas y explicaciones. «Los demás están en mi contra.» «Nadie me trata bien.» «La gente es cruel y despiadada.»

La señal de que una persona ha alcanzado su adultez o su madurez emocional reside en que hace lo mejor que puede donde esté. Sabe que cuando los demás tienen mal genio, son irritables, están malhumorados y se portan de modo cínico, significa que están psicológicamente enfermos. Es compasivo, comprensivo y se adapta a la gente. Sabe que muchos tienen sus mentes enfermas, y que él no tiene derecho a condenar a gente enferma; por lo tanto, les desea las bendiciones de Dios, y reacciona en forma positiva y afirmativa.

A decir verdad, tenemos que mirarnos con honestidad cuando decimos que los demás nos irritan, nos molestan y no nos tratan bien. Una buena cosa sería averiguar si estábamos esperando dificultades, atrasos, obstáculos o impedimentos. Quizá nos estábamos imaginando que habría resistencia y oposición a nuestros planes y propósitos. Si hemos favorecido este tipo de fantasía y pautas mentales, tenemos que esperar la proyección de aquellos estados en nuestro mundo laboral y social. El resultado de esta voluntad enfermiza será la desagradable reacción de los otros. Aprendemos a perdonar cuando aprendemos que realmente no hay nadie a quien culpar, excepto a nosotros mismos.

San Francisco o Los Ángeles

Un gerente de ventas en Los Ángeles me contó que uno de sus vendedores en San Francisco le escribió y le dijo que era muy complicado venderle a la gente de allí; añadió que el precio de la mercancía era demasiado caro, y que quería cambiar su zona de ventas. El gerente accedió a transferirlo a Los Ángeles y envió a otro vendedor al mismo distrito de San Francisco. Éste enseguida obtuvo resultados positivos y escribió indicando que el producto se vendía muy bien. El vendedor transferido a Los Ángeles se sorprendió al enterarse del informe positivo del otro vendedor.

Todo ello ilustra bien que nuestras actitudes perturbadas, hostiles y rencorosas se reflejan en nuestra vida laboral, social y económica tanto como en nuestro cuerpo y en nuestro ambiente. El gerente de ventas mencionado me explicó que la envidia y los celos eran las razones del deficiente desempeño del primer vendedor. Estaba muy resentido por el ascenso dado a otros compañeros a los cuales aventajaba en antigüedad. Hacía énfasis en el tiempo que ya llevaba trabajando con la empresa; criticaba a la gerencia y aducía que ésta, para poder progresar, tenía que reconocer a la gente valiosa. Pero en todo momento, el estado interno de disgusto era la causa de su disminución de ventas.

Comprender todo es perdonar todo

Cuando comprendemos la ley creadora de nuestras mentes, dejamos de culpar a los demás y a las circunstancias de echar a perder nuestras vidas. Sabemos que nuestros pensamientos y sentimientos forjan nuestro destino; aun más, somos conscientes de que las cosas externas no son la causa ni el condicionamiento de nuestras vidas y experiencias. Pensar que otros pueden arruinar nuestra felicidad, que debemos oponernos y pelear con ellos para poder vivir, pensar todas estas ideas es insostenible cuando comprendemos que los pensamientos son reales.

Capítulo nueve

Cómo la oración resuelve problemas matrimoniales

Las fricciones entre marido y mujer se pueden resolver mediante la oración. Rezando juntos, permanecen juntos. El amor une y el odio separa. La contemplación de los ideales divinos, el estudio de las leyes de la vida, un plan y objetivos comunes, y la libertad personal producen un armonioso matrimonio, la felicidad conyugal, la santa unión en donde dos se convierten en uno. Cada uno está unido, mental y emocionalmente, con Dios. Dios es amor. Para ser verdadero, el matrimonio debe primero ser espiritual; el matrimonio debe estar en los corazones. El *corazón* es el cáliz de la presencia de Dios. Si los dos corazones se mueven por amor, sinceridad y honestidad, el amor de Dios une a los esposos; en verdad, el suyo es un matrimonio que se consuma en los cielos.

Cómo orar para conseguir la mejor pareja

El tiempo ideal para evitar el divorcio es antes del casamiento. El hombre y la mujer que desean casarse deben rezar para atraer la pareja más conveniente. Las siguientes oraciones han demostrado ser muy eficaces.

Cómo atraer al esposo ideal

Sé que soy ahora una sola cosa con Dios. En Él vivo, me muevo y existe mi ser. Dios es vida; esta vida es la vida de todos los hombres y de todas las mujeres. Todos somos hijos e hijas del mismo padre. Sé y creo que hay un hombre que me espera para amarme y protegerme. Sé que puedo contribuir a su felicidad y serenidad. Él ama mis ideales y yo amo los suyos. No quiere modificarme; ni yo tampoco quiero modificarlo. Existe amor, libertad y respeto mutuos.

Hay una sola mente; sé que él está ahora en esa mente. Me acoplo ahora a las cualidades y atributos que admiro y que quiero que se manifiesten en mi esposo. Soy una sola cosa con ellos en mi mente. Nos conocemos y amamos ya el uno al otro en la mente divina. Veo a Dios en él, y él ve a Dios en mí. Habiéndome encontrado con él en mi interior, debo encontrarlo en el exterior, pues ésta es la ley de mi propia mente.

Estas palabras van y se cumplen dondequiera que se envíen. Sé que así ya se ha hecho, se ha completado y cumplido en Dios. Gracias, Padre.

Cómo atraer a la esposa ideal

Dios es uno e indivisible. En Él amamos, nos movemos y tenemos nuestro ser. Sé y creo que Dios habita en cada persona. Yo soy uno con Dios y con todos los seres humanos. Ahora atraigo a la mujer ideal que está en perfecto acuerdo conmigo. Ésta es una unión espiritual, porque es el espíritu divino que opera a través de la personalidad de alguien con quien encajo a la perfección. Sé que puedo dar a esa mujer amor, luz y verdad. Sé que puedo hacer plena, completa y maravillosa la vida de esa mujer.

Ahora determino que ella tenga las siguientes cualidades y atributos: ella es espiritual, leal, fiel y sincera. Es, además, armoniosa, apacible y feliz. Nos atraemos el uno al otro de forma irresistible. Sólo lo que pertenece al amor, la verdad y la plenitud puede penetrar en mi experiencia. Acepto ahora a mi compañera ideal.

Cuando, tranquilo y con interés, piensas en las cualidades y atributos que tú admiras en la pareja que buscas, estás construyendo el equivalente mental; entonces, la corriente más profunda de tu subconsciente os juntará a ambos en el orden divino.

Pasos en la oración para preservar el matrimonio

Primer paso. Nunca arrastres de un día para el otro los disgustos acumulados que surgen de pequeñas contrariedades. Asegúrate de que os perdonasteis de cualquier brusquedad cometida antes de ir a la cama. Al momento de levantarte por la mañana, pide a la inteligencia divina que te guíe en todos sus caminos. Envía pensamientos agradables de paz, armonía y amor a tu cónyuge, a todos los miembros de tu familia y al mundo entero.

Segundo paso. Da gracias en el desayuno. Da gracias por los buenos alimentos, por su abundancia y por *todas* las bendiciones recibidas de Dios. Asegúrate de que no surjan problemas, ni quejas ni rencillas durante la conversación en la mesa: lo mismo se aplica a la hora de la comida. Dile a tu pareja: «Aprecio lo que haces, y yo irradio amor y buena voluntad hacia ti todo el día».

Tercer paso. Marido y mujer se deben alternar para orar por las noches. No tomes a tu cónyuge como algo obvio;

manifiéstale tu aprecio y amor. Piensa en mostrarle aprecio y buena voluntad antes que condenas, críticas y exigencias. El modo para construir un hogar apacible y un matrimonio feliz está fundado sobre la base del amor, la belleza, la armonía, el mutuo respeto, la fe en Dios y en todas las cosas buenas. Lee los Salmos 23, 91 y 27, el capítulo 11 de la Epístola a los Hebreos, el capítulo 13 de la primera Epístola a los Corintios y otros textos trascendentales del Nuevo Testamento antes de ir a dormir. Di apaciblemente: «Gracias, Padre, por todas las bendiciones recibidas en el día. Dios me dará el sueño deseado».

La oración terapéutica mencionada más arriba y la creencia en una inteligencia divina genera fuerza, poder y amor en la relación marital, como también en otras etapas de la vida. Esposas y esposos se sentirán como nuevos, rejuvenecidos y tonificados si recargan las baterías en forma regular y sistemática con medicina espiritual.

Hace ya algún tiempo hablé con una mujer que me habló sobre su marido, quien casi todas las noches la colmaba de regalos y traía juguetes a la casa para sus dos hijos, pero era irritable, de mal carácter, maltrataba a los niños y la golpeaba por la más pequeña insignificancia. Al hablar con el esposo, descubrí que él deseaba ser «libre», como decía, y quería rehuir las responsabilidades de estar casado y ser padre. Además, tenía un complejo de culpa, profundamente arraigado, porque estaba teniendo una aventura sentimental con otra mujer a la que le solventaba todos los gastos de la vivienda y de la ropa. Los regalos y juguetes que llevaba todas las noches para su familia eran el modo de compensar su sentimiento de culpa y la hostilidad interna que profesaba hacia ellos.

Temor del castigo

Este hombre sufría hipertensión y úlceras gástricas, que, sin duda, tenían como causa los sentimientos de culpa y la sentencia que se imponía por su conducta prohibida. Tenía un temor oculto del castigo por sus acciones. Su pensamiento obsesivo lo llevaba a una significativa autodegradación, y los presentes para su esposa e hijos eran su modo de expiar y reparar.

Cambiar la discordia por armonía

Esa misma persona fue abierta y receptiva a las explicaciones que le ofrecí y comprendió que tenía que hacer algo de inmediato. Debía abandonar el resentimiento, la hostilidad y la actitud negativa, y construir una existencia más armoniosa y apacible. Cortó la relación con la otra mujer y comenzó a rezar las siguientes líneas varias veces al día:

> *«La inteligencia infinita me guía y me dirige; yo irradio amor, paz, alegría y afabilidad hacia mi esposa e hijos. Los rodeo con el círculo del amor de Dios, sabiendo y creyendo que el amor, la paz, la armonía y el gozo de Él llenarán sus mentes y corazones. Me perdono y me siento libre. Y quiero significar esto, que soy sincero y que conozco que la paz suprema de Dios reina en mi hogar, en mi corazón y en mi familia».*

Con la práctica de esta simple etapa de las leyes de la mente, reemplazó el torbellino interno por paz y buena disposición. Su nueva actitud eliminó sus dolencias físicas y le trajo paz a su atribulada mente. Él y su esposa oraban juntos todas las noches. El amor gobierna ahora su vida hogareña y el amor elimina todo lo que no se le parece, pues Dios es amor.

La explicación de la ouija

Un hombre casado me relató que su esposa le estaba haciendo juicio de divorcio porque la tabla de la ouija le había revelado a ella que su esposo era infiel. A mi solicitud, la esposa vino a verme. Le expliqué en detalle que era su propio subconsciente el que estaba confirmando sus sospechas y resentimiento contra su esposo. Comenzó a ver con claridad que era su mente profunda, por medio de movimientos imperceptibles de los dedos, la que movía el cursor sobre la tabla de la ouija. En otras palabras, ella simplemente estaba hablando con ella misma. Después, hablando con el marido, encontré que era impotente y que un médico le estaba poniendo unas inyecciones de hormonas. La mujer fue honesta consigo misma para reconocer el error; ambos estuvieron de acuerdo de enviarse el uno al otro mensajes de amor, paz y cariño. Esto eliminó la actitud negativa y trajo paz donde antes reinaba la discordia y la sospecha. La explicación fue la sanación.

Nueva luna de miel contra chantaje afectivo

Una mujer estaba a punto de abandonar el hogar porque, decía, su esposo ya no la amaba más. Ella quería vivir en una casa, él prefería un piso. No se ponían de acuerdo. La mujer le expresó a su esposo que ya no la amaba ni le importaba ella, porque no buscaba una casa. También agregó que ya no se preocupaba por ella porque fumaba todo el tiempo, aunque sabía que era alérgica al humo del cigarrillo.

Ella quería cambiarlo

Se necesitan dos para iniciar una discusión. En este caso, la esposa era, en verdad, muy inmadura. La razón por la que estaba molesta con él era porque quería cambiar sus hábitos y deseaba hacerle sentir culpable por ir contra sus hondos deseos y gustos. Le pedí ver a su esposo y descubrí que estaba muy resentido. Tenía un complejo de culpa y respondía a su esposa con observaciones cortantes, críticas y airadas por cualquier cosa trivial y sin importancia.

El precio del resentimiento

El resentimiento es una de las cosas menos lucrativas del mundo. Les roba a los individuos la paz, la salud, la vitalidad y el pleno uso de las facultades, y los deja en la ruina mental y física. Si se continúa con el rencor o se mantiene por mucho tiempo, la persona se vuelve fría, dura, insensible, anquilosada, rígida y termina resentida contra todos.

Salvar el matrimonio

En mi presencia, los esposos hablaron de sus dificultades, rencores y hostilidades, y aprendieron a examinar los hechos. Cada uno examinó la situación con objetividad y estuvieron de acuerdo en que se habían portado de modo infantil. También comprendieron que si expresaban sin tapujos y con calma sus dificultades, en un clima de amor y armonía, podían ponerse de acuerdo en todos los aspectos.

El asma de la esposa

La mujer se dio cuenta de que el asma que sufría no era causada por el humo del cigarrillo, sino por un odio profundo enquistado en su subconsciente. Hay un término en medicina psicosomática para definir esto: la *especificad del órgano*. Lo cual significa que el resentimiento o el odio causará asma en una persona, hipertensión en otra, artritis en una tercera y es posible que migraña en una cuarta. El hecho es que cualquier trastorno mental y afectivo puede determinar, en la práctica, un proceso fisiológico. Los síntomas y los órganos corporales que quedarán afectados dependerán de la sensibilidad y de la constitución física de cada uno.

Final feliz

Poco después de que se restablecieran las relaciones armoniosas con su esposo, el asma desapareció. La pareja alcanzó la felicidad con la eliminación de rencores y chantajes afectivos. La mujer casada me dijo: «Echamos suertes por la compra de casa o piso, tirando una moneda al aire. Mi esposo perdió, pero es comprensivo y ama nuestra nueva casa».

No es necesario un tercer error

Recientemente una profesora me comentó: «He tenido tres maridos y los tres han sido pasivos, sumisos y han dependido de mí para tomar decisiones y manejárselas. ¿Por qué los atraigo así?». Le pregunté si había observado que el primer marido fuera un tanto afeminado. Y ella me replicó: «Por supuesto que no; no me hubiera casado con él si hubiera sabido que era así». Es evidente que no aprendió nada de su primer error. El problema residía en su propia estructura de personalidad. Ella era muy masculina, dominante e inconscientemente quería alguien que fuera sumiso y pasivo, de modo que ella pudiera representar el rol dominador. Todo esto eran motivos inconscientes y su cuadro mental subconsciente atraía lo que ella deseaba. Tuvo que *romper esta pauta mental por medio del método de la oración apropiada.*

Obtener lo que queremos

No obtenemos lo que queremos. Atraemos lo que somos, y somos lo que sentimos que somos. Tenemos que construir en nuestra mente lo que queremos; dicho con otras palabras, tenemos que establecer el equivalente mental y, luego, los resultados seguirán.

La imagen ideal

Esa profesora aprendió una verdad simple. Cuando crees que puedes *obtener* el hombre que idealizas, se cumple tal como lo crees. A continuación sigue la oración que usó para romper la vieja pauta subconsciente y atraer al compañero ideal.

> *«Estoy construyendo en mi mente el tipo de hombre que deseo desde lo más profundo de mi ser. El hombre al que voy a cautivar como esposo es fuerte, poderoso, afectuoso, armonioso y amable. Con mentalidad espiritual, muy masculino, exitoso, honesto, leal y fiel. Encuentra el amor y la felicidad conmigo. Me gusta ir adonde me lleva. Él me necesita, yo lo necesito. Tengo las siguientes cualidades para ofrecer a un hombre: soy honesta, sincera, afectuosa y amable. Tengo dones estupendos*

para ofrecerle: paz, buena disposición, un corazón entusiasta y un cuerpo saludable. Él me ofrece lo mismo; nuestro ofrecimiento es mutuo. Doy y recibo. La inteligencia divina sabe dónde está ese hombre, la sabiduría profunda de mi subconsciente nos está juntando ahora a su manera, y nos reconoceremos el uno al otro de inmediato. Libro mi solicitud a la inteligencia divina dentro de mí, que conoce lo que quiero y cómo hacer para que se realice. Doy gracias por la respuesta perfecta.»

Oró de este modo noche y día. Afirmó estas verdades, sabiendo que con la frecuente dedicación de su mente lograría el equivalente mental de lo que estaba buscando.

La alegría de la oración respondida

Pasaron algunos meses. Tuvo muchas citas y encuentros sociales, ninguno de los cuales le resultó agradable. Cuando ya estaba a punto de cuestionar el método, de flaquear, dudar y titubear, recordó que la inteligencia infinita lo iba a hacer a su manera y que no había nada de qué preocuparse. Obtuvo la sentencia de divorcio que le produjo una gran sensación de alivio y libertad. Poco después consiguió un trabajo como recepcionista en el consultorio de un médico. Me contó la mujer que en el mismo instante en que vio al médico supo que era el hombre por el que había estado orando. De hecho, también lo confirmó porque le propuso matrimonio la primera semana en que trabajó en el despacho. Ellos han alcanzado el ideal de la felicidad. Este médico no era de carácter pasivo o sumiso, sino que era un hombre auténtico, ex jugador de fútbol americano, un brillante atleta y con una gran profundidad espiritual, aunque no tenía en absoluto vínculos ni afiliación con ninguna iglesia. Ella obtuvo lo que quería porque lo pidió mentalmente hasta llegar a la saturación. En otras palabras, se unió en mente y sentimiento con su idea y llegó ésta a ser una parte de ella, del mismo modo que una manzana es asimilada por el organismo que la digiere.

¿Me he de divorciar?

El divorcio es un problema personal; no se puede generalizar. En algunos casos, la pareja nunca debió haber contraído matrimonio. En otros casos, el divorcio no es la solución, como el matrimonio no es la solución para quien está solo. El divorcio puede estar bien para uno y mal para otro. Una mujer divorciada puede ser más sincera y noble que algunas de sus hermanas casadas que quizá vivan en una mentira.

Por ejemplo, en cierta ocasión hablé con una mujer cuyo marido era drogadicto, ex convicto y maltratador, y además no mantenía su hogar. Alguien le dijo a la esposa que estaba mal divorciarse. Le aclaré que el matrimonio existe en lo más profundo del corazón. Si dos corazones se unen en forma armoniosa, amorosa y sincera, eso es Dios o el amor uniendo a dos personas en una alianza o matrimonio santos. La acción pura del corazón es el amor, y Dios es amor. El matrimonio constituido por cualquier otra razón o motivo es una mentira, una farsa, una mascarada.

Esta mujer supo lo que tenía que hacer, después de seguir esta explicación. Sintió en su corazón que no hay ley divina que obligue a una persona a vivir amedrentada, intimidada y golpeada, sólo porque alguien pronunció «os declaro marido y mujer». Si titubeas sobre lo que has de hacer, pide orientación, la inteligencia divina te responderá. Sigue la senda que surge del silencio de tu alma. Te habla en paz.

Dejarse arrastrar al divorcio

Hace algunas semanas, un joven matrimonio se había casado hacía sólo unos pocos meses, estaba divorciándose. Me enteré de que el joven padecía un temor constante de que su esposa lo abandonara. Esperaba su rechazo y creía que ella no le sería fiel. Estos pensamientos rondaban por su cabeza y se obsesionó con ellos. Su actitud mental fue de separación y sospecha. La esposa sintió que no podía responderle; fue su propio sentimiento y el clima que él creó de pérdida y separación lo que operó a través de la pareja. Esto trajo aparejada una condición o acción de acuerdo con la pauta mental que la apoyaba. Existe la ley de la acción y reacción, o de causa y efecto. El pensamiento es la acción, y la respuesta del subconsciente es la reacción. La mujer abandonó el hogar y pidió el divorcio, que es justo lo que él había temido y creído que ella haría.

Dónde ocurre el divorcio

El divorcio ocurre, en primer lugar, en la mente; las disposiciones legales llegan más tarde. Cada uno hacía vida marital con resentimiento, miedo, suspicacia y desaliento; estas actitudes erosionan, debilitan y agotan a todo el ser. Comprendieron que el divorcio divide y el amor une. Se dieron cuenta de lo que habían estado haciendo con sus mentes. Ninguno de ellos conocía la ley de la acción mental, y estaban usando mal sus facultades y se estaban despeñando en el caos y la infelicidad. Siguiendo mi consejo, estos dos jóvenes volvieron a juntarse y practicaron la terapia de la oración. Comenzaron por irradiar amor, paz y afabilidad para con el otro. Hicieron el ejercicio práctico de ver a Dios en el otro y se alternaron en leer los Salmos todas las noches. Su matrimonio cada día progresa más, bendecido por Dios.

Honra a tu padre y a tu madre

Los niños necesitan un padre o una imagen paterna; y la imagen debe ser vital, fuerte y vigorosa. La Biblia dice: *«Sed hombres, sed fuertes»*.*

Las madres deben poner a los padres a la cabeza de la casa. El padre debe corregir a los hijos y estar atento para que obedezcan. El padre es un símbolo de autoridad para el niño. El hijo que honra y respeta a su padre y a su madre, de modo automático respetará al superior, al profesor, al policía, las leyes de la nación y la bandera. La esposa nunca debe desmerecer o disminuir al padre, porque esto rebaja su autoridad ante los ojos del niño. Las madres tienen que dejar de practicar un «amor sofocante» o consentir a sus hijos en todo. Los padres deben tener interés en las actividades de sus hijos, jugar con ellos y rezar juntos.

El padre es un héroe

El hijo ve a su padre como un héroe, y lo quiere imitar. Cuando el padre no tiene interés y gasta el tiempo en beber, jugar al golf o a cualquier otro deporte los domingos, o estar con otras mujeres los fines de semana, se facilita que el niño se afemine por influencia de las hermanas y madre.

* (N. del T.) 1 Co 16,13.

No permitas que se le nieguen a tu hijo las características masculinas de conducta. Si el padre está muerto, busca que se trate con un tío, con un familiar o con algún hombre religioso del vecindario. El rabino, el sacerdote o el pastor siempre estarán contentos de interesarse por él y observar sus reacciones y modos de comportarse. Su maestro hará lo mismo. Si estás divorciada, puedes encontrar a algún hombre extraordinario que ame a tu hijo como si fuera propio. Su padre, en este aspecto, será el hombre que le inculque las grandes verdades de la vida y alimente su alma. *«Honra a tu padre y a tu madre, para que se prolonguen tus días sobre la tierra que Yahveh, tu Dios, te va a dar.»*[*]

* (N. del T.) Ex 20,13.

Capítulo diez

La oración quita el miedo

Uno de los más grandes enemigos del hombre es el miedo. La oración, que supone fe en Dios y en todas las cosas buenas, quita el miedo. Éste es la nube que oculta el resplandor del amor divino. El hombre ha creado demonios personales temibles en el pasado, en el presente y para el futuro. El miedo logra que el hombre fracase. El temor hace que el hombre esté irritado y nervioso, le caigan mal algunas personas y establezca relaciones humanas deficientes.

Una oración bíblica

Una de las oraciones prácticas y más hermosas de la Biblia para superar el miedo es ésta: *«Yahveh, mi luz y mi salvación, ¿a quién he de temer? Yahveh, el refugio de mi vida, ¿por quién he de temblar?»* (Sal 27,1). Este versículo debería estar grabado de forma indeleble, en la mente de todo hombre y mujer que camina por la Tierra. Observa por un momento lo que dice. Postula con claridad que la presencia viva de Dios está dentro de ti. *«Sabed que Yahveh es Dios»* (Sal 100,3). Otro sentido de la palabra *Yahveh* en la Biblia es *Ley*, que quiere decir tu mente subconsciente.

Entérate de los poderes de tu subconsciente y tendrás luz, salvación y fortaleza, que significan comprensión, poder y solución a todos tus problemas. Domina los métodos de orar elaborados en este capítulo. Tu mente subconsciente responderá y estarás libre de todo temor.

Superación del miedo

Emerson dijo: «Haz lo que temes y el miedo estará sentenciado a muerte».

Hubo un tiempo en que quien escribe este libro se quedaba aterrorizado cuando estaba delante de un auditorio. El modo como superé el miedo fue aparecer ante el público, hacer lo que tenía miedo de hacer y así el miedo quedó sentenciado a muerte. Cuando afirmas con seguridad que vas a dominar tus temores y llegas a una decisión definitiva de que los vas a superar, entonces liberas el poder de tu subconsciente, que fluye en respuesta a la índole de tu pensamiento.

Uno de nuestros estudiantes me contó que recibió la invitación para hablar en un banquete. Me explicó que tuvo un ataque de pánico ante la sola idea de tener que hablar delante de mil personas. Superó el miedo de la siguiente manera. Durante algunas noches, se sentó en un sillón durante unos cinco minutos mientras decía para sí, despacio, tranquilo y seguro: «Voy a controlar este miedo. Ya lo estoy superando. Hablo con presencia de ánimo y confianza. Estoy relajado y cómodo». Puso en marcha una específica ley mental y superó el miedo.

La mente subconsciente es fácil de convencer y controlar por la sugestión. Cuando aquietas tu mente y te relajas, los pensamientos de tu mente consciente penetran en las profundidades del subconsciente por un proceso similar al de la ósmosis, por medio de la cual los fluidos separados por una membrana porosa se mezclan. Así, en tanto esas semillas positivas o pensamientos penetran en el área subconsciente y crecen según su especie, tú te vuelves una persona con presencia de ánimo, serena y tranquila.

Desaparece el miedo escénico

Una joven recibió una invitación para efectuar una audición. Estaba esperando con gran ilusión la entrevista. Pero ya en tres ocasiones anteriores había fallado estrepitosamente debido al miedo escénico.

Le di la simple técnica que describo en el párrafo que sigue a continuación. La joven, vale la pena mencionarlo, tenía una excelente voz, pero estaba segura de que cuando llegara el momento de cantar le asaltaría el miedo escénico. El subconsciente recoge tus miedos como un pedido, procede a manifestarlos y los introduce en tu experiencia. En las tres audiciones anteriores cantó notas mal y, al fin, fracasó. La causa, como se ha delineado antes, fue una autosugestión involuntaria; es decir, un pensamiento silencioso de miedo, convertido en sentimiento subjetivo.

Superó el miedo con la siguiente técnica: tres veces al día se aislaba en un cuarto. Se sentaba en un cómodo sillón, relajaba su cuerpo y cerraba los ojos. Aquietaba su mente y cuerpo tanto como podía. La inercia física favorece la pasividad mental y vuelve la mente más receptiva a la sugestión. Actuó contra la sugestión del miedo con el inverso, diciéndose a sí misma: «Canto muy bien; estoy preparada, serena, confiada y tranquila». Repitió estas frases despacio, calmada y con sentimiento, de cinco a diez veces en cada ocasión que se sentaba. Tenía tres «sentadas» de este estilo cada día, y una vez antes de irse a dormir. Al final de una semana, estaba lista y confiada por completo, e hizo una notable y estupenda audición. Lleva adelante este método, con seguridad y convicción, y el miedo estará sentenciado de muerte.

No puedo recordar la respuesta

En algunas ocasiones, universitarios y maestros de la zona donde vivo acuden a mí porque padecen amnesia por sugestión en los exámenes. El lamento es siempre el mismo: «Sé las respuestas después de que el examen haya terminado, pero no puedo recordar las respuestas durante el examen».

La idea que se realiza a sí misma es aquella en la que, seguramente, nos concentramos más. Todos nos obsesionamos con la idea del fracaso. El miedo respalda la amnesia temporal y es la causa de esa experiencia total.

Un estudiante de medicina, el más sobresaliente de la clase, fallaba ante las preguntas más simples cuando tenía que hacer exámenes orales o escritos. Le expliqué que la razón residía en que se preocupaba y estaba temeroso varios días antes del examen; estos reiterados pensamientos negativos se cargaban de miedo. Los pensamientos envueltos con la poderosa emoción del miedo se realizan en la mente subconsciente. En otras palabras, el joven estudiante le pedía a su mente subconsciente que se asegurara de que fallaba, y esto es justo lo que la mente hacía. El día del examen se encontraba acosado por lo que se llama en círculos psicológicos «amnesia por sugestión».

Baudouin, un psicólogo francés, ha dicho: «En lo que tenemos que trabajar para superar el miedo es en educar la imaginación».

A continuación se detalla cómo ese estudiante superó el miedo. Comprendió que la mente subconsciente era el almacén de la memoria y mantenía un registro exacto de todo lo que había oído y leído durante la carrera. Además, captó que la mente subconsciente era responsiva y recíproca; el modo para estar en contacto con ella se basaba en estar relajado, apacible y confiado.

Cada mañana y cada noche se imaginaba a su madre que le felicitaba por sus buenas notas. Sostenía en las manos una carta imaginaria de ella y leía sus palabras de felicitación. Sentía también en la mano su carta. A medida que percibía el final feliz, provocaba la correspondiente o recíproca respuesta o reacción en sí mismo. El omnisciente y omnipotente poder del subconsciente, en consecuencia, se hacía cargo, controlaba y dirigía su mente consciente. Se imaginaba cómo sería el final. Cuando se imaginó y sintió el final, puso los medios para la realización de éste. Siguiendo este procedimiento, no tuvo ninguna dificultad en aprobar los exámenes subsiguientes. Dicho de otro modo, la sabiduría subjetiva se hizo cargo y la compelió a dar una versión de primera de sí mismo. La ley de la mente subconsciente es la compulsión.

Sombras en la mente

Mucha gente tiene miedo de subir a un ascensor, de escalar montañas o de nadar. Puede muy bien deberse a alguna experiencia desagradable cuando era niño, como, por ejemplo, ser echado al agua por la fuerza sin saber nadar.

Yo mismo tuve una mala experiencia cuando tenía cerca de diez años. Aún recuerdo las oscuras aguas engullendo mi cabeza y mi jadeo y búsqueda frenética de aire, hasta que un compañero me sacó del agua en el último minuto. La experiencia se imprimió en mi mente subconsciente; durante años tuve miedo al agua.

Un psicólogo con experiencia me dijo: «Ve a la piscina, mira el agua y di en voz alta y fuerte, "voy a controlarte. Te voy a dominar". Luego, entra en el agua, toma lecciones de natación y supera el miedo». Hice esto y entendí que cuando haces aquello que tienes miedo de hacer, el miedo desaparece.

Fue sólo una sombra en mi cabeza. Cuando asumo una nueva actitud mental, el omnipotente poder del subconsciente responde y me proporciona fuerza, fe y confianza, y me permite superar el miedo. Utilicé la mente subconsciente hasta donde ella empezó a utilizarme a mí.

A continuación detallaré el procedimiento y técnica para superar el miedo, que enseño en mi magisterio: funciona de maravilla. ¡Pruébalo! Suponte que tienes miedo al agua, a la montaña, a una entrevista, a una audición o que tienes temor a lugares cerrados. Si el miedo es a nadar, siéntate ahora quieto cinco o diez minutos, durante tres o cuatro veces al día, e imagina que estás nadando. De hecho, estás nadando en tu mente; es una experiencia subjetiva. Mentalmente te proyectas dentro de la piscina. Sientes el frío del agua y el movimiento de brazos y piernas. Todo es real, vívido y una actividad mental activa. No se trata de una ensoñación inútil, pues sabes que lo que estás experimentando subjetivamente en tu imaginación se desarrollará en tu mente subconsciente; así, entonces, te verás obligado a expresar la imagen y semejanza del cuadro que te has figurado y has impreso en tu mente más profunda; ésta es la ley del subconsciente.

Mientras continúas preparando la mente de ese modo, estás mentalmente sumergido en el agua y contento; por consiguiente el miedo se retira y podrás entrar en al agua en forma física. Puedo afirmar que te sentirás obligado a hacer una buena actuación. En tu conciencia, has convocado los fantásticos poderes de tu subconsciente, que es omnisciente y todopoderoso; esta fuerza te controla y gobierna, según la índole de tu llamada y petición.

Los fantasmas no existen

El presidente de una gran corporación me contó que cuando era vendedor solía dar cinco o seis vueltas alrededor de la manzana antes de encontrarse con un cliente. Un día el gerente comercial se aproximó y le dijo: «No tengas miedo de los fantasmas detrás de la puerta; no existen los fantasmas. Es una falsa creencia».

El gerente le añadió que cuando él mismo contemplaba sus propios fantasmas, los escudriñaba desafiante, se plantaba frente a ellos y los miraba derecho a los ojos; entonces, desaparecían y se volvían insignificantes.

Sal ahora y enfréntate aquello a lo que más temes. Si tienes miedo de un nuevo puesto laboral, acéptalo. Di: «Puedo cumplir. Tendré éxito». Hallarás la emoción o sentimiento concomitante que se genera en tu subconsciente. Tú inducirás la disposición o el sentimiento de confianza, la fe en ti mismo y la satisfacción del deber cumplido. El miedo es un pensamiento en tu mente, pero la confianza es un pensamiento mucho más potente; colma tu mente con sentimientos positivos y constructivos, y elimina el miedo.

Miedo normal y miedo anormal

Un capellán me relató una de sus experiencias durante la Segunda Guerra Mundial. Tenía que saltar en paracaídas de un avión averiado y aterrizar en la selva. Estaba aterrorizado, pero sabía que había dos clases de miedos, el normal y el anormal. El primero es bueno; sirve para la preservación de la vida. Se trata de la mente subconsciente que te informa de que algo se debe hacer. Es una especie de sistema de alarma que te dice, por ejemplo, que tienes que salir del camino de un coche que viene en dirección contraria.

El capellán continuó: «Empecé a hablar conmigo mismo y me dije, "Lionel, no puedes dejarte vencer por el miedo; tu miedo significa tu deseo de salir con vida, de estar seguro, de encontrar una salida"».

Prosiguió diciéndome que sabía que había una inteligencia subjetiva que conduce a los pájaros hacia el alimento que necesitan y les dice adónde ir en verano y en invierno. Empezó a exclamar: «inteligencia infinita que diriges los planetas en sus órbitas, ahora me estás llevando y guiando fuera de esta selva».

Continuó diciendo en voz alta para sí estas frases, durante diez minutos o algún rato más. «Entonces», añadió, «algo se removió dentro de mí, me invadió un estado de confianza y me puse a caminar. A los pocos días, estaba fuera de la selva casi por milagro y fui recogido por un avión de rescate».

Su cambio de actitud mental lo salvó. Su confianza y seguridad en la sabiduría y poder subjetivos en su interior resolvieron su problema. Me dijo: «Si hubiera empezado a quejarme de mi destino y dar cabida a mis temores, hubiera sucumbido ante el monstruo *miedo* y, con certeza, habría muerto de miedo y de hambre».

Cuando se presenta el miedo, ve de inmediato con tu mente a lo opuesto. Consentir continuamente con pensamientos de temor y ocupar siempre la mente con pensamientos negativos logran que el miedo termine siendo anormal, con obsesiones y complejos. Ocupar la mente en tus dificultades y problemas sólo te infundirá más miedo, hasta que éste alcance proporciones catastróficas. Por fin, sobreviene un sentimiento de pánico y terror, que te debilita y enferma. Puedes superar el miedo de esas características cuando conoces que el poder de tu subconsciente puede cambiar siempre las condiciones objetivas. Penetra en tu interior, proclama y siente las cosas buenas que tienes, o sea, la solución. Capta la existencia de una inteligencia infinita que responde y reacciona a tus pensamientos y sentimientos.

Imagina el final: siente el estremecimiento del triunfo. Aquello que sientes e imaginas subjetivamente como verdadero es la prueba interna de lo que objetivamente sucederá. Tu subconsciente puede liberarte. Cuando acuden pensamientos llenos de temor, contempla la solución, el final feliz. Nunca luches contra pensamientos negativos o aterradores. Siempre enciende la lámpara del amor, de la paz y de la confianza en tu interior. La mayor parte de nuestros miedos son imaginarios.

Lo que temía, no existía

El director de una institución me relató que durante tres años tuvo miedo de perder su puesto. Siempre se estaba imaginando un fracaso. Lo que temía no existía, excepto como un mórbido pensamiento ansioso en su mente. Su vívida imaginación dramatizaba la pérdida de su trabajo hasta el punto de que se ponía nervioso y se volvía neurótico. Al fin, perdió el puesto; se le pidió la renuncia.

De hecho, se despidió a sí mismo. La fantasía constante y negativa, y las sugerencias temerosas a su mente subconsciente, forzaron a ésta a que respondiera en conformidad. Le hizo cometer errores, decisiones tontas que terminaron en su fracaso como director. Aquello que este hombre temía, no existía. Nunca lo hubieran despedido si él hubiera recurrido de inmediato a lo opuesto en su mente.

Nunca, ningún pensamiento o concepto, constructivo o negativo, puede aparecer, excepto cuando esa idea la cargamos de sentimiento o emoción. Los pensamientos, conceptos e ideas tienen que penetrar en el subconsciente antes de que nos puedan influir para bien o para mal.

Si miras retrospectivamente tu vida, coincidirás conmigo en que la mayor parte de tus miedos, de tus preocupaciones y angustias nunca han sucedido. La razón de ello reside en que no las has retenido demasiado tiempo y, por la misma razón, no las has cargado con una emoción profunda. El secreto general para que desaparezca el miedo es ocupar tu mente, sin parar, con pensamientos constructivos y positivos. Llena tu cabeza con ideas de amor, paz y armonía. Presta atención a tu objetivo, a tu ideal, a aspectos positivos, a aquellas cosas que te gustaría experimentar en la vida. A medida que hagas esto, un movimiento invisible interno de tu subconsciente entrará en juego y cambiará el mundo en la imagen de tu fantasía y contemplación internas.

Adquisición de paz interna

Durante una reciente gira alrededor del mundo, tuve una conversación de dos horas con un destacado funcionario gubernamental. Tenía un profundo sentido de paz y serenidad internas. Me comentó que todo el maltrato político que recibía de la prensa y de los partidos de oposición nunca le perturbaba. Su ejercicio práctico consistía en sentarse quieto durante quince minutos a la mañana y constatar que en el centro de su persona había un océano, profundo e inmóvil, de paz. Al meditar de esta manera generaba un poder tremendo que dominaba a toda especie de dificultades y miedos.

Hace algunos meses un correligionario lo llamó a medianoche y le avisó de que un grupo estaba conspirando contra él. Esto es lo que le replicó: «Ahora me voy a dormir en completa paz. Podemos discutir juntos este asunto mañana a las diez de la mañana».

Es de señalar lo tranquilo, imperturbable y apacible que estaba. No empezó a gritar, descontrolarse, mesarse los cabellos o retorcerse las manos. En el centro de su persona encontró el agua en reposo, la paz interna y una gran tranquilidad.

La mente esta compuesta de dos áreas, la consciente, con la que razonamos, y las enormes profundidades del inconsciente o subconsciente, que recuerdan en algo el océano donde se almacenan muchos miedos olvidados y creencias falsas.

Miedos desconocidos

En el hotel donde me alojaba en Nueva Delhi, la capital de la India, acudió una persona a consultarme. Era de Gran

Bretaña. Tenía sinusitis aguda, un hondo sentimiento de tristeza y estaba angustiado por miedos desconocidos. Hablando con él descubrí que había estado odiando a su padre durante muchos años, porque éste le había legado todas las propiedades a su hermano. Este odio se fue desarrollando con un profundo sentimiento de culpa en su mente subconsciente; a causa de esta culpa, tenía un miedo, profundo y oculto, de ser castigado; este complejo se manifestaba en su cuerpo con migrañas y sinusitis.

Miedo significa dolor. Amor y buena disposición significan paz y salud. El miedo y la culpa de este hombre se manifestaban con la enfermedad o falta de paz y tranquilidad. Las membranas de la mucosa nasal estaban siempre inflamadas.

Esta persona que me consultaba comprendió que todo su problema lo causaban el sentimiento de culpa, la propia condenación de sí mismo y el odio. Su padre ya hacía mucho tiempo que había abandonado este mundo y había pasado a otra dimensión más elevada de vida. En realidad, él se estaba envenenando solo por el odio. Entonces, empezó por perdonarse. *Perdonar* es donar algo por. Lo puso en práctica y lo expresó así: «Perdono a mi padre por completo. Hizo lo que creyó que era correcto, según su entender. Lo libero de toda falta. Le deseo paz, armonía y gozo. Soy sincero. Significo lo que digo».

Después, lloró durante un largo rato. Eso fue bueno. Sanó la herida psíquica y salió todo el pus psicológico. Desapareció la sinusitis. Recibí más tarde una carta en la que me escribía que también habían cesado los ataques de migraña. El miedo al castigo, que lo había estado acechando en el subconsciente, ahora se había disipado.

Utiliza esta fórmula para alejar el miedo: *«He buscado a Yahveh y me ha respondido: me ha librado de todos mis temores».*[*] Con la palabra *Yahveh* significamos «la mente subconsciente».

Capta los poderes de tu subconsciente, y aprende cómo trabaja y funciona. Domina las técnicas que he explicado en este capítulo. Ponlas en práctica, hoy mismo. Tu subconsciente responderá y estarás libre de todos tus miedos.

«He buscado a Yahveh y me ha respondido: me ha librado de todos mis temores.»

«Yahveh, mi luz y mi salvación, ¿a quién he de temer? Yahveh, el refugio de mi vida, ¿por quién he de temblar?» (Sal 27,1).

* (N. del T.) Sal 34,5.

Capítulo once

Cómo orar y permanecer joven en espíritu para siempre

Durante los muchos años de mi carrera pública, he tenido ocasión de estudiar las biografías de hombres y mujeres famosos que han proseguido las actividades productivas mucho tiempo después de terminado su ciclo vital, incluso algunos de ellos han alcanzado la celebridad ya ancianos. Al mismo tiempo, he tenido el privilegio de encontrar y conocer un sinnúmero de personas que, sin destacar de forma especial, y en un nivel no tan alto, pertenecían a aquellos esforzados mortales a quienes la edad provecta en sí misma no ha destruido los poderes creativos de la mente y del cuerpo.

Hace pocos meses, me llamó un viejo amigo desde Londres, porque estaba muy enfermo. Tenía más de ochenta años y, por supuesto, débil dada su edad avanzada. Nuestra conversación reveló su grado de frustración y su agotamiento físico, casi estaba exánime. Se lamentaba por lo inútil que se había vuelto y porque ya nadie lo necesitaba. Con expresión de desesperanza delataba su falsa filosofía: «Nacemos, crecemos, nos volvemos viejos, ya no servimos para nada y, entonces, viene el fin». Esta actitud mental de futilidad y desvalorización eran la causa principal de su enfermedad. Ya sólo aguardaba la senescencia y después, nada. Por supuesto, había envejecido en su vida mental.

La edad es el albor de la sabiduría

Por desgracia, mucha gente tiene la misma actitud de este amigo mío. Tienen miedo de lo que denominan «la vejez, el final y la extinción», lo que en realidad significa que tienen miedo de la vida; sin embargo, la vida no tiene fin. *La sabiduría nos enseña que la edad no es el pasar de los años, sino que la edad es el albor de la vida. El espíritu del hombre nunca nació y nunca morirá.* El espíritu es Dios y Dios no tiene principio ni fin. El cuerpo del hombre es, en realidad, la vestidura con la que Dios se viste cuando toma la forma humana. Para manifestarse, el espíritu necesita una forma. El cuerpo humano es el instrumento por medio del cual el espíritu funciona en este plano terrenal. El espíritu y el cuerpo no están separados; el cuerpo del hombre es el espíritu o la vida llevados al plano de la visibilidad. La materia y el espíritu no son diferentes, son lo mismo. El espíritu es el grado superior de la materia, y ésta es el grado inferior del espíritu. El hombre siempre tendrá un cuerpo. Cuando abandone este plano de la Tierra, se pondrá un cuerpo de la cuarta dimensión, hasta la eternidad; porque no hay final para la gloria que es el esplendor del hombre.

La vida es evolución; el viaje es un constante despliegue de nuestra divinidad. Todas las cosas que se han formado en el universo gradualmente regresan a la vida informe, y la vida informe retoma una forma para siempre. Todo lo que tiene principio tiene fin. Nuestro cuerpo tuvo un principio; volverá de nuevo a la sustancia primordial sin forma, y nos pondremos un nuevo cuerpo, pues todo fin es un comienzo.

Bienvenido sea el cambio

Llegar a viejo no es un suceso trágico. Lo que llamamos proceso de envejecimiento es un proceso de cambio. Tiene que ser bienvenido con felicidad y alegría, pues cada etapa de la vida del hombre es un paso en el camino sin fin hacia delante. Nosotros, los seres humanos, tenemos poderes que trascienden los poderes del cuerpo; tenemos sentidos que trascienden los cinco sentidos físicos. Los científicos están encontrando hoy en día pruebas positivas e indiscutibles de que algo consciente en nosotros puede abandonar el cuerpo actual y desplazarse para ver, oír, tocar y hablar con personas, alejadas a miles de kilómetros, a pesar de que nuestro cuerpo físico esté en un sofá, lejos, a gran distancia.

Nuestras vidas son espirituales y eternas; no necesitamos hacernos viejos, porque el espíritu o la vida no pueden envejecer. La vida es eterna e indestructible, se renueva a sí misma. Dios es vida, la vida es la realidad de todos los hombres. Las pruebas de nuestra inmortalidad son abrumadoras. El científico no puede ver un electrón con los ojos, pero lo acepta como un hecho científico porque es la única conclusión válida que coincide con los otros datos experimentales. No podemos ver a Dios o la vida; sin embargo, sabemos que estamos vivos. La vida existe y nosotros estamos aquí como su expresión. Con toda su belleza y esplendor.

La mente y el espíritu no envejecen

La Biblia dice: *«Ésta es la vida eterna: que te conozcan a ti, el único Dios verdadero»* (Jn 17,3). Quien piense o crea que el ciclo natural del hombre sobre la Tierra (nacimiento, adolescencia, juventud, madurez y vejez) es todo lo que la vida tiene para ofrecerle, desde luego, quien piense así es para compadecerlo; ese individuo está sin sostén, sin esperanza, sin miras y para él la vida no tiene sentido. Esta clase de creencias conlleva frustración, anquilosamiento, cinismo y un sentimiento de desesperanza que produce neurosis y desvíos mentales de todo tipo.

Si no puedes jugar un veloz partido de tenis o no puedes nadar tan rápido como tu hijo o tu cuerpo se ha vuelto más lento o has aminorado la marcha, recuerda que el espíritu siempre se reviste con nuevos ropajes. Lo que llamamos muerte no es sino un viaje a una nueva ciudad en otra morada de la casa de nuestro Padre.

Les expongo a los hombres y mujeres que asisten a mis conferencias que deben aceptar con alegría lo que denominamos vejez. Ésta tiene su propio esplendor, belleza y sabiduría, que son inherentes a la edad. Amor, belleza, paz, alegría, felicidad, sabiduría, buena disposición y comprensión: he aquí algunas de las cualidades que nunca envejecen y nunca mueren. Emerson afirmó: «No contamos los años de un hombre hasta que no le queda otra cosa que contar». Tu carácter, la calidad de tu mente, tu fe y tus convicciones nunca entran en decadencia.

Amor, paz, entusiasmo y alegría no tienen edad

Me encontré en Londres con un cirujano que opera todas las mañanas, visita a los pacientes por la tarde y escribe por la noche. Es joven a los ochenta y cuatro años, lleno de vida, de vigor; de entusiasmo, de amor y buena disposición. No se ha rendido ante el avance de los años; sabe que es inmortal. Él me dijo: «Si me muero mañana, estaré operando a pacientes en otra dimensión, pero no con bisturí y escalpelo, sino con cirugía mental y espiritual».

El mejor de todos los amortiguadores y preventivos contra la decrepitud y trastornos mentales y orgánicos es la paz en el centro de la divinidad dentro de ti. Conéctate con él y siéntelo ahora. Todas las pullas y críticas, toda la ira y odio, dirigidos a ti serán amortiguados, neutralizados y perdidos en el gran océano del amor y paz de Dios, en tu interior; éste es el secreto para permanecer siempre joven.

Una mente activa a los noventa y nueve años

Mi padre aprendió francés a los sesenta y cinco años y llegó a ser una autoridad en este idioma cuando cumplió setenta años; también, cuando tenía más de sesenta, hizo una investigación lingüística sobre el gaélico y se convirtió en un reconocido profesor de esta lengua. En forma activa ayudó a mi hermana en una escuela de educación superior y colaboró con ella hasta que falleció a los noventa y nueve años. Su mente estaba tan despejada a esa edad como cuando tenía cincuenta años; además, sus facultades de escribir y su habilidad para la escritura y el raciocinio mejoraron con los años. Catón el Viejo* aprendió griego cuando tenía

* (N. del T.) Marcus Porcius Cato, más conocido como Catón el Viejo, fue cónsul y censor romano. Vivió de 234 a 147 a. de C.

ochenta años. Schumann-Heink* alcanzó la cumbre de su éxito musical después de convertirse en abuela.

Es una gran verdad el antiguo dicho de que un hombre es tan viejo como se siente. Tú eres lo viejo o joven que es tu pensamiento. Piénsalo. Plantéate simples preguntas como éstas: *¿Cuándo nació mi mente? ¿Cuándo morirá? ¿Tienen la mente y el espíritu un comienzo? ¿Cómo puede tener un final aquello que no tiene principio ni fin?*

Mantente joven para siempre

La vida nunca nació y jamás morirá. El agua no moja al espíritu, el fuego no lo quema, ni el viento lo arrastra. Sabes que todo esto son verdades. ¿Cómo puedes decir: «Estoy viejo. Ya no sirvo para nada. Nadie me necesita»? Nunca en toda la eternidad podrás agotar el esplendor y la belleza que reside en ti, porque la infinitud está en tu interior. No hay final para el ser humano, porque no hay final para Dios. Retener este concepto te mantendrá para siempre

* (N. del T.) Ernestine Schumann-Heink, de soltera Ernestine Rossler, nació en 1861 en Lieben, cerca de Praga, entonces parte del Imperio austro-húngaro. Tomó los apellidos de sus esposos segundo y primero, respectivamente. Se casó tres veces, y su vida es por demás interesante. Cantante wagneriana, recorrió el mundo y fue reconocida como una gran contralto. En 1905 se trasladó a los Estados Unidos y en 1910 se instaló en las afueras de San Diego, California, desde donde desarrolló una intensa vida profesional como cantante. Su actividad y energía, desplegadas durante la Primera Guerra Mundial a favor de los Estados Unidos y campañas posteriores de beneficencia, son increíbles. Murió de leucemia en 1936, en su casa de Hollywood, respetada y admirada por todos los que la conocieron y escucharon.

joven, vital, interesado, alerta, vivo y lleno de la luz que nunca se extingue.

Los cabellos canos pueden ser una gran virtud para ti; ellos simbolizan la sabiduría, la comprensión, la tolerancia y la fortaleza de carácter. Muchos profesionales reciben toda clase de sorprendentes ofrecimientos después de haber cumplido sesenta años; la gente piensa que algo habrán aprendido en todo ese tiempo. Hace poco alguien me comentó: «La única razón por la que he venido a verle es porque usted tiene el cabello cano; creo que las ha pasado duras y que habla por experiencia». A los clérigos les resulta fácil encontrar un buen lugar de trabajo cuando tienen cuarenta y cinco años. Un sacerdote jubilado me informó recientemente de que había estado recibiendo fabulosas propuestas laborales de muchos lados; tenía setenta años. La verdad, el amor y la sabiduría no tienen edad. Así, es posible también para un niño de doce años, que estudia las leyes mentales y los caminos espirituales, tener un conocimiento de Dios más significativo que el de sus abuelos que han rechazado abrir sus mentes a las verdades de Dios.

Tu cabello cano es una virtud

Nunca dejes un trabajo y digas: «Me jubilo, estoy viejo, estoy acabado». Esto sería consunción y muerte, y estarías, en verdad, acabado. Algunos son viejos a los treinta, mientras otros son jóvenes a los ochenta. La mente es el maestro tejedor, el arquitecto, el diseñador y el escultor. George Bernard Shaw era muy diligente a los noventa años y la calidad artística de su mente no se había debilitado con su funcionamiento activo.

Me he cruzado con hombres y mujeres que me cuentan que algunos encargados de seleccionar personal casi les dan con la puerta en la cara cuando dicen que ya han cumplido cuarenta años. La actitud por parte de esas personas o empleadores de personal ha de considerarse insensible, cruel, perversa y desprovista por completo de compasión y comprensión. Todo el énfasis parece recaer en ser joven; es decir, uno tiene que estar por debajo de los treinta y cinco años para recibir alguna consideración. Las razones que apoyan esta posición son muy superficiales. Si el empleador o el gerente de la empresa se parara un momento para reflexionar, se daría cuenta de que el candidato al puesto no está vendiendo su edad ni sus cabellos canos o grises, sino que está dispuesto a entregar su talento y su experiencia, toda la sabiduría almacenada a lo largo de la experiencia en el mercado de la vida.

Por práctica y dedicación, la edad de una persona debería ser una cualidad distintiva para la empresa. El pelo blanco, si le queda alguno, debería ser como una muestra de mayor sabiduría, destreza y entendimiento. Un hombre o una mujer de madurez emocional y espiritual es una bendición formidable para cualquier organización. Nadie tendría que estar obligado a jubilarse a la edad de sesenta y cinco años, cuando ésta es la edad de la vida en que uno puede ser más útil en el manejo de los problemas con el personal, en planear el futuro, plasmar decisiones y aconsejar, con experiencia e inteligencia, en el ámbito de las ideas creativas.

Compórtate como la edad que tienes

Un guionista de Hollywood me comentó que tenía que escribir guiones que satisficieran a mentalidades de niños de doce años. Ésta es una situación trágica, si no se espera que la gran mayoría de la gente haya alcanzado la madurez mental y espiritual. Significa que el énfasis se pone en la juventud, a pesar del hecho de que ésta descuella por su inexperiencia, falta de discernimiento y juicios apresurados.

Estoy ahora pensando en un hombre de sesenta años que estaba tratando de modo frenético de conservarse joven. Todos los domingos iba a nadar con muchachos jóvenes, hacía largas caminatas, jugaba al tenis y se jactaba de sus proezas y estado físico: «Mira, me puedo mantener al nivel de los mejores». Pero debería recordar la gran sentencia sobre el hombre, ya mencionada en este libro varias veces: *«Cual es su pensamiento en su corazón, tal es él»*. Dietas, ejercicios y juegos de todo tipo no mantienen a uno joven. Es necesario que observe si se vuelve viejo o se mantiene joven de acuerdo con la evolución de su forma de pensar. El espíritu está condicionado por el pensamiento; si sus pensamientos están constantemente dirigidos a cosas hermosas, nobles y buenas, permanecerá joven sin importar la edad cronológica.

Job se lamentaba: *«Porque si de algo tengo miedo, me acaece, y me sucede lo que temo»*.* Son muchos los que le temen a la vejez y no están seguros sobre su futuro porque anticipan deterioro físico y mental a medida que los años pasan. Lo que piensan y sienten, les sucede. Nos volvemos viejos cuando perdemos el interés por la vida, cuando dejamos de soñar, cuando no estamos hambrientos de nuevas ver-

* (N. del T.) Jb 3,25

dades ni buscamos nuevos mundos para conquistar. Cuando la mente está abierta a nuevas ideas, a nuevos intereses y cuando levantamos la cortina para permitir que penetre el brillo del sol y la inspiración de nuevas verdades acerca de Dios y del universo, entonces siempre seremos jóvenes y estaremos vitales.

Si tienes sesenta o noventa años, date cuenta de que tienes mucho para dar. Puedes ayudar a afianzar a las generaciones más jóvenes, puedes beneficiarlas con tus conocimientos, tu experiencia y tu sabiduría; tú puedes siempre mirar hacia delante, pues en todo momento estás contemplando el infinito. Encontrarás que nunca dejarás de desvelar el esplendor y las maravillas del ser único infinito. Al sacar un velo tras otro, la faz de Dios se revela más augusta y extraordinaria. Trata de aprender algo nuevo en cada momento del día y verás que tu mente estará siempre joven.

En Bombay me presentaron a un hombre que decía tener ciento diez años; tenía el rostro más bello que he visto en mi vida. Parecía transfigurado por la luz interna radiante. Había una extraña belleza en sus ojos, que indicaban que había envejecido al correr de los años, con alegría y sin ninguna indicación de que en su espíritu se hubiera apagado la luz.

Tienes que ser alguien que produce

Los diarios dan la noticia del hecho que la población de votantes de mayor edad en las elecciones de California se está incrementando a pasos agigantados, lo cual significa que su voz será escuchada en el cuerpo legislativo del Estado y en los salones del Congreso. Una persona de sesenta y cinco años puede ser más joven que una de treinta años, desde los aspectos intelectuales, psicológicos y físicos. Es estúpido y ridículo decirle a alguien que no lo pueden contratar porque tiene más de cuarenta años. Es casi como decirle que le dan de baja de la vida o lo arrinconan en el cuarto de los trastos viejos. ¿Qué puede hacer una persona con cuarenta o más años? ¿Tiene que enterrar sus talentos y esconder su luz debajo del celemín?* A quienes se les impide e imposibilita trabajar, por causa de la edad, se les debe ayudar con fondos gubernamentales que proceden del gobierno de ciudad, provincia y nación; las mismas organizaciones y empresas, que se han negado a contratarlos y a aprovecharse de su sabiduría y experiencia, deberían pagar los impuestos correspondientes y hacerse cargo de su mantenimiento. Lo cual equivaldría a una forma de suicidio financiero.

Estamos aquí para gozar del fruto de nuestro trabajo y ser gente que produce, no prisioneros de una sociedad que nos empuja a la ociosidad. El cuerpo se debilita con los años, pero la mente puede estar mucho más activa, alerta, viva y rápida por la acción del Espíritu Santo. La mente no tiene por qué envejecer. La Biblia dice: *«¡Quién me hiciera volver a los meses de antaño, aquellos días en que Dios me guardaba, cuando hacía brillar su lámpara sobre mi cabeza, y yo a su luz por*

* (N. del T.) Referencia directa a las parábolas de Jesús de los talentos (Mt 25,14-30), y de la lámpara (Mt 5,14-16; Mc 4,21-22 y Lc 11,33-36). El talento era una moneda que equivalía a unos 21,6 kg de plata. El celemín era un cajoncito rectangular de madera que contenía la antigua medida de capacidad de un celemín, cuyo equivalente variaba mucho de un lugar a otro.

las tinieblas caminaba; como era yo en los días de mi otoño, cuando vallaba Dios mi tienda!» (Jb 29,2-4).

El secreto de la juventud

El secreto del que habla Job es la alegría. Todos podemos capturar nuestra juventud removiendo el don de Dios en nuestro interior. Cada vez que aceptamos el espíritu en nosotros, como Señor omnipotente, y rechazamos el poder de las falsas creencias del mundo, agitamos el don de Dios en nuestro interior. *En Él está la plenitud de la alegría. La alegría del Señor es mi fortaleza.*

Oración por el rejuvenecimiento

Para recapturar el espíritu de la juventud, siente al Dios milagroso, sanador, renovador de todo, siempre vivo, motor de tu mente y de tu cuerpo. Reconoce que estás inspirado, elevado, rejuvenecido y cargado espiritualmente. Puedes ahora revivir la alegría y el entusiasmo, como en los días de tu juventud, por la simple razón de que siempre puedes recobrar, mental y afectivamente, el estado alegre. La *lámpara* que brilla sobre tu cabeza es la inteligencia divina, que te revela todo lo que necesitas saber y te permite afirmar la presencia de tus buenas cualidades, prescindiendo de las apariencias. Caminas con su luz porque sabes que, al amanecer, todas las sombras se disipan.

En vez de decir «soy viejo», di «soy sabio en los caminos de Dios». Nunca serás un fracasado, porque sabes que *«Él nunca va a fallar»*. Siempre puedes viajar con tu mente y ganar nuevas batallas. No dejes que apremien tu mente las corporaciones, los diarios y las estadísticas que te exhiben delante de ti un retrato de vejez, de declive de los años, de decrepitud, de senilidad e inutilidad. Recházalo porque es mentira. Puedes alzarte sobre una mente presionada y rechazar ser hipnotizado por esa propaganda. Afirma la vida, no la muerte. Cae en cuenta de que tú vives por siempre y el espíritu es tu realidad. Ten una visión de ti mismo como una persona con éxito, feliz, radiante, serena y llena de la luz de Dios. Si estás jubilado, interésate en la Biblia, en especial, por su sentido profundo. Luego reza como sigue: *«Como jadea la cierva tras las corrientes de agua, así jadea mi alma, en pos de ti, mi Dios»* (Sal 42,1).

La jubilación: una nueva aventura

Asegúrate de que tu mente nunca se jubila. Tiene que ser como un paracaídas que sólo sirve cuando se abre, si no, no sirve para nada. Sé abierto y receptivo a nuevas ideas. He conocido hombres que se han jubilado a los sesenta y cinco o setenta años; al parecer, ya habían empezado el proceso de desintegración antes, y en pocos meses fallecieron; es obvio que pensaron que ya estaban al final de sus vidas. La jubilación puede ser una nueva aventura, un nuevo desafío, un nuevo camino, el principio del cumplimiento de un largo sueño. No es posible expresar lo deprimente que resulta oír que un hombre dice: «¿Qué voy a hacer cuando me jubile?». De hecho está afirmando: «Estoy mental y físicamente muerto. Mi mente está en bancarrota de ideas». Todo esto es un cuadro falso. La realidad verdadera es que puedes realizar más cosas a los noventa años que las que hiciste a los sesenta años, porque cada día que pasa creces en la sabiduría y comprensión de Dios y del universo por medio de nuevos estudios e intereses.

Los frutos de la vejez

«Su carne se renueva de vigor juvenil, vuelve a los días de su adolescencia» (Jb 33,25). Admite que nunca tendrás una mente anciana, a menos de que pienses que la tienes. Aprende a darle toda la lealtad y dedicación al Dios que mora en ti, que es supremo, la única causa y poder. Dar vigor a tu mente apremiada, a la senescencia, a la enfermedad, a la gente, a las circunstancias y sucesos, todo ello divide tu lealtad e infunde conflicto y temor. Puedes tener ochenta años cronológicos, pero si eres maniático, irritable, irascible, petulante y de mal genio, tú eres en realidad un anciano, independientemente de los años que hayas cumplido, sean éstos treinta o noventa años. La edad avanzada permite contemplar las verdades divinas desde el más alto nivel. Y eso te llevará al manantial divino, donde podrás beber las aguas de la vida que te mantendrán por siempre fresco y embriagado de Dios.

Mira hacia delante con un mayor grado de conciencia y acepta que has emprendido un viaje sin fin, una serie de infinitos pasos en el océano incesante, incansable, interminable del amor de Dios; luego, ora con el salmista: *«Todavía en la vejez tienen fruto, se mantienen frescos y lozanos»* (Sal 92,15). *«En cambio el fruto del espíritu es amor, alegría, paz, paciencia, afabilidad, bondad, fidelidad, mansedumbre, templanza; contra tales cosas no hay ley»* (Ga 5,22-23).

Tú eres hijo del ser infinito, que no tiene fin, y eres hijo de la eternidad.

Capítulo doce

Cómo conseguir que la oración sea más eficaz

Para aquietar tu mente, la debes proteger de las vibraciones del ruido e incomodidades, del viento y tormentas de las emociones, y de las angustias y tensiones diarias.

La quietud ideal, que logran los hombres santos, es un objetivo para muchos de nosotros. Pero en alguna pequeña medida, cada vez que te retiras para orar a tu cuarto, es decir, tu mente, puedes crear un clima tranquilo, suficiente para lograr que tu oración sea eficaz.

Tus oraciones nunca serán eficaces hasta que dejes de pelear contra discordias, aflicciones, pasiones, arrebatos de ira, resentimientos y la hueste de sentimientos mezquinos que copan demasiados pensamientos. Tu modo de disciplinar la mente consiste en librar la atención de esas molestias y contemplar la presencia y el poder de Dios en tu interior.

Liberado de distracciones, puedes empezar a pensar sobre la comprensión diáfana de abstracciones tales como la belleza, el amor, la paz y la armonía. Cuando empiezas a conocer la índole de la armonía, empiezas a proyectar esa cualidad en los asuntos y actividades de tu vida.

Clave para orar con eficacia

Las Sagradas Escrituras nos dan la clave para hacer más eficaz la oración. Considera lo que dicen: *«¡Sean gratas las palabras de mi boca, y el susurro de mi corazón, sin tregua ante ti, oh Yahveh, roca mía, mi redentor!»* (Sal, 19,15). Llegarán en tu vida las respuestas a tus oraciones, cuando tu pensamiento y sentimiento internos coincidan con las palabras de tu boca.

Un proceso legal demorado durante un largo tiempo

Un amigo mío estaba complicado en una batalla legal que le había consumido mucho tiempo, costos legales y otros gastos. Estaba desesperado, amargado y hostil contra la otra parte contendiente y contra sus propios abogados. Su discurso interno, que representaba sus íntimos silencios y pensamientos no expresados, era más o menos como sigue: «¡Es desesperanzador! Ya llevamos cinco años así. Alguien me está traicionando. Es inútil seguir adelante. Lo mejor es darse por vencido». Le expliqué que este discurso interno era muy destructivo y, sin duda, jugaba un papel muy importante en la prolongación del caso. La Biblia dice: *«Porque si de algo tengo miedo, me acaece, y me sucede lo que temo»* (Jb 3,25).

Mi amigo modificó por completo su discurso interno y externo cuando comprendió del todo el daño que se había estado infligiendo. De hecho, había estado rezando contra sí mismo. Yo le hice una sola pregunta: «¿Qué me dirías si en este momento te avisara de que se ha llegado a una solución, perfecta y armoniosa, y todo este asunto se ha terminado?».

Me respondió: «Estaría encantado y agradecido para siempre. Me sentiría muy bien al saber que todo eso ha concluido».

Desde aquel momento estuvo conforme en asegurarse de que su discurso interno coincidiera con su objetivo. Con regularidad y en forma metódica, rezó la siguiente oración que le entregué: «Doy gracias por la solución perfecta y armoniosa que me ha llegado por medio de la sabiduría del único Dios omnisciente». Repetía esto para sí con frecuencia durante el día y cuando las dificultades, los atrasos, reveses, polémicas, dudas y temores acudían a su mente; en silencio él afirmaba esa breve oración. Cesó del todo de pronunciar frases negativas y vigiló su discurso interno, sabiendo que éste siempre acaba manifestándose. Lo que sentimos dentro es lo que expresamos. Podemos decir una cosa con la boca y sentir otra en nuestro corazón; lo que sentimos es lo que se reproduce en la pantalla del espacio. Nunca debemos afirmar dentro de nosotros lo que no deseamos experimentar afuera. Los labios y el corazón tienen que concordar; cuando así ocurre, nuestra oración es respondida.

Debemos estar atentos a nuestro estado psicológico. Algunos hablan entre dientes para sí, son envidiosos, celosos y están ardiendo de ira y hostilidad. Esta actitud mental es destructiva y acarrea, como secuela, caos, enfermedad y deficiencias. Seguro que conoces personas que se justifican, que dicen que tienen todo el derecho a estar airadas, a buscar el desquite e intentar que algún día el otro se las pague. Están repitiendo una vieja grabación subconsciente que enumera todas las coartadas, excusas y justificaciones de su entero estado interno, que está en plena ebullición.

Con toda seguridad, no saben que ese estado mental les causa perder energía psíquica en grandes cantidades, y los vuelve ineficientes y confusos. El discurso interno negativo de uno está, por lo general, dirigido contra otra persona.

Cómo la verdad lo hizo libre

No hace mucho conversé con una persona que me contó que había sido tratada mal. Y agregó cómo planeaba que algún día se las pagara y cuánto odiaba a su anterior jefe. Este hombre tenía úlceras gástricas como resultado de la agitación e irritación internas. Le aclaré que había estado haciendo impresiones muy destructivas de cólera y rencor en su mente subconsciente, que siempre expresa lo que se imprime en ella. Estos sentimientos destructivos necesitaban un desahogo y buscaban una salida hacia fuera; en este caso, lo fue en forma de úlceras y neurosis.

Invirtió su proceso mental y liberó a su antiguo patrón en el océano ilimitado del amor de Dios, deseándole todas las bendiciones del cielo. Al mismo tiempo, llenó su mente con las verdades divinas y se identificó con la presencia infinita y sanadora de Dios, aceptando que la armonía, paz y perfección del ser único infinito estaba colmando su mente y cuerpo, y lo estaba mejorando en cada momento. Estas vibraciones espirituales penetraron en su mente, se transmitieron por todo su sistema, y sus células orgánicas adquirieron una nueva tonalidad espiritual, que sirvió para la sanación de su condición discordante.

El aparato subconsciente de grabar

La Biblia dice: *«Yo os aseguro también que si dos de vosotros se ponen de acuerdo en la Tierra para pedir algo, sea lo que fuere, lo* *conseguirán de mi Padre que está en los cielos»*.* ¿Quiénes son esos dos? Significan tú y tu deseo, es decir, si aceptas tu deseo con la mente, el subconsciente hará que se cumpla, pues tu conciencia y tu subconsciente se han puesto de acuerdo, se han sincronizado. Los dos representan tu pensamiento y tu sentimiento, tus ideas y tus emociones. Si tienes éxito en cargar de emoción la idea, los aspectos masculino y femenino de tu mente estarán de acuerdo y habrá un desenlace, un resultado mental, a saber, la respuesta a la oración.

Debemos recordar que todo lo que aceptamos o sentimos como verdadero deja una impronta en nuestra mente subconsciente. El subconsciente es el medio creativo; su tendencia, como señala Troward,** es siempre ser guarda de la vida. El subconsciente controla todos los órganos vitales, es el asiento de la memoria y el sanador del cuerpo. El subconsciente se alimenta con manantiales ocultos y es uno con la Inteligencia y el poder infinitos.

¿Qué clase de conversación interna se está dando en ti todo el tiempo que no se expresa con voz audible? Es tu conversación interna la que el subconsciente escucha y obedece. Tu subconsciente graba tus pensamientos y sentimientos silenciosos, y es un aparato de grabar muy exacto. Graba todo y te lo reproduce en forma de expe-

* (N. del T.) Mt 18,19.

** (N. del T.) Thomas Troward (1847-1916) fue una de las personalidades que más influyó en la vida y pensamiento del autor. El juez Troward, además de doctor en leyes, fue teólogo, filósofo, escritor, profesor, conferencista y especialista en el pensamiento y religiones orientales.

riencias, condiciones y sucesos. No tienes por qué viajar psicológicamente con miedo, incertidumbre, angustia e ira. No hay ley que establezca que tienes que viajar con pistoleros, asesinos, criminales, intrusos y otros ladrones y malvivientes de esa ralea que roban tu salud, tu felicidad, tu paz, tu prosperidad y te convierten en un despojo mental y físico.

Tú eres el único que piensa

Una mujer que conocí tenía la presión muy alta, superior a doscientos, y con ataques de migraña muy fuertes; la causa de todo era su discurso interno destructivo. Sentía que otra mujer no la había tratado bien y se había vuelto muy negativa contra ella. Justificaba su hostilidad y antagonismo hacia esa persona, y permitía que esa situación se prolongara durante semanas, para acabar al fin con los nervios destrozados. Esta actitud negativa le hacía drenar fuerzas, produciendo cambios psicológicos en el torrente sanguíneo. Como afirmaba, estaba a punto de estallar de ira. La violencia interna, las crecientes tensiones y la ardiente hostilidad eran la causa de la presión sanguínea alta o hipertensión, además de la migraña.

Esta mujer empezó a poner en práctica las grandes ventajas de la terapia de la oración. Se dio cuenta de que ella misma se había estado envenenando, y que la otra mujer no era responsable para nada de lo que ella misma pensaba o sentía por esa otra mujer. En ese universo, ella era la única que había estado pensando, y había estado rumiando pensamientos despiadados, destructivos y maliciosos que fueron emponzoñando todo su organismo. Ya segura, vio que nadie podía tocarla, excepto por medio de su propio pensamiento o de los movimientos de su mente. Lo único que tenía que hacer para ejercitar su interno discurso, verdadero y espiritual, era identificarse con su objetivo. Éste era paz, salud, felicidad, alegría, serenidad y sosiego. Así comenzó a identificarse con el río divino de la paz de Dios y con el amor divino que fluía a su través como un río amarillo de oro, que suavizaba, sanaba y restablecía su mente y cuerpo.

Rezó durante quince minutos, tres o cuatro veces al día. Sus pensamientos y sentimientos profundos se expresaban como sigue a continuación: «Dios es amor, y su amor llena mi alma. Dios es paz, y su paz llena mi alma y mi cuerpo. Dios es salud perfecta, y su salud es mi salud. Dios es alegría, y su alegría es mi alegría, y me siento extraordinariamente bien». Esta clase de terapia de la oración, que representaban sus íntimos pensamientos sobre Dios y sus cualidades, produjeron un sentido total de equilibrio, presencia de ánimo y armonía en su mente y en su cuerpo. Cuando le sobrevenían pensamientos sobre la otra mujer, se identificaba de inmediato con su objetivo: la paz de Dios. Descubrió los prodigios de la oración verdadera y eficaz, cuando los labios y el corazón se unen para identificarse con las verdades eternas de Dios, y de ese modo se vuelven impenetrables al impacto de pensamientos e ideas negativos.

¿Cómo recibes a los demás en tu mente? Ésta es la prueba de fuego para la verdad, que te hará libre. Si los ves y ves a Dios en ellos, eso es formidable, entonces estás ejercitando las cualidades del discurso interno desde un punto de vista constructivo, porque te estás identificando con tu objetivo, que es Dios o el bien. Ouspensky, el autor de *New Model of the Universe,** señaló que tu discurso interno debe estar siempre de acuerdo con tus objetivos.

Cómo consiguió el acuerdo

Cierto joven tenía como objetivo la salud total, pero su mente consciente le recordaba que había estado enfermo durante años de una anomalía de la sangre. Estaba angustiado, temeroso y perplejo. Sus familiares y amigos opinaban con frecuencia que la cura le tomaría mucho tiempo y que podría ser que nunca sanara del todo. Su subconsciente, por supuesto, recibía estas impresiones negativas y no podía llegar a curarse. Su discurso interno tenía que coincidir con su objetivo.

Dicho en otras palabras, los dos aspectos de su mente tenían que sincronizar y estar de acuerdo. El joven inició un diálogo en un tono diferente con su subconsciente. Le expliqué, mientras escuchaba con mucha atención y avidez, que afirmara lo que sigue a continuación, varias veces al día, en forma lenta, tranquila, con amor y sintiendo lo que decía:

> *«La inteligencia creadora ha formado mi cuerpo y está creando ahora mi sangre. La presencia sanadora de Dios sabe cómo sanar y está transformando ahora cada célula de mi cuerpo según el modelo divino. Escucho y veo al médico que me dice que estoy sano. Tengo ahora este cuadro mental. Lo veo con claridad. Escucho su voz que me asegura: "Estás curado. ¡Es*

* (N. del T.) Hay versión en español. P. D. Ouspensky: Un nuevo modelo del universo. Kier, Buenos Aires, 4ª ed., 1991.

un milagro!". Sé que estas imágenes penetran en mi subconsciente, donde son elaboradas y se les da paso libre. Sé que mi mente subconsciente está en contacto con el ser infinito y único, y que su sabiduría y poder han dado lugar a que mi petición sea aprobado a pesar de toda la evidencia sensible en contra. Siento esto y lo creo, y ahora me identifico con mi objetivo, la salud total, que es mi discurso interno, mañana, tarde y noche».

Repitió esta oración durante diez o quince minutos, cuatro o cinco veces al día, en especial, antes de irse a dormir. Debido al hábito, en algunas ocasiones se encontraba con su mente dando vueltas por cualquier lado; se alarmaba, inquietaba y preocupaba, recordando el dictamen de los demás y sus repetidos fracasos previos en el proceso de curarse. Cuando estos pensamientos venían a su mente, emitía una orden así: «¡Basta! Yo soy el que manda. Pensamientos, imágenes y respuestas me deben obedecer. Desde ahora todos mis pensamientos están dirigidos a Dios y a su portentoso poder de sanar. Ésta es la manera en que alimento a mi subconsciente, me identifico siempre con Dios y mi pensamiento y mi sentimiento profundos son: "Gracias, Padre". Haré esto cien veces al día o mil veces, si es necesario».

El joven sanó de su problema sanguíneo en tres meses. Su discurso interno fue el mismo, como si ya estuviera sano. «*Creed que ya lo habéis recibido y lo obtendréis.*»* Tuvo éxito, con repetición, oración y meditación, en lograr que su mente subconsciente coincidiera con su deseo; después, el

* (N. del T.) Mc 11,24. Ya citado en la introducción.

poder creador de Dios respondió, según el acuerdo alcanzado. «*Tu fe te ha salvado.*»*

¿Por qué no puedo venderla?

He aquí un ejemplo de discurso interno equivocado. Una persona de nuestra comunidad había tratado de vender su casa durante tres años. Había determinado: «Dejo esta bonita casa en la mente infinita de Dios. Sé que está vendida, en el orden divino, al comprador apropiado en su precio justo, y doy gracias ahora porque esto es así». Ésta era su oración y no estaba mal, salvo que en silencio, constantemente, la neutralizaba agregando para sí: «El ritmo actual de venta es lento; el precio es demasiado alto y la gente no tiene tanto dinero. ¿Qué hago mal? ¿Por qué no la puedo vender?». Puedes apreciar que de esta manera invalidaba su oración.

Cual es su pensamiento en su corazón, tal es él. El discurso interno de esta mujer era muy negativo y así era lo que pensaba de todo el asunto; por lo tanto, esa condición mental se prolongó y manifestó durante tres años. Luego, invirtió el procedimiento y, todas las mañanas y todas las noches, cerraba los ojos durante cinco o seis minutos e imaginaba a este escritor felicitándola por la venta. A lo largo del día sus palabras eran: «Doy gracias por la venta de mi casa. El comprador se beneficiará y será bendecido por esta compra». La repetición de esta oración se imprimió en su subconsciente y, en un momento dado, se manifestó. Una semana más tarde, un hombre, que se sentaba a su lado

* (N. del T.) *Véase* la última nota al pie del capítulo 3.

en los servicios de la iglesia, compró la casa y quedó muy satisfecho. Y ella cayó en cuenta de que no se puede ir en dos direcciones al mismo tiempo.

«¡Sean gratas las palabras de mi boca, y el susurro de mi corazón, sin tregua ante ti, oh Yahveh, roca mía, mi redentor!» (Sal 19,15).

Capítulo trece

Cómo la oración logra que desaparezcan el dolor y la tristeza

La oración es el gran refugio donde se alivian el dolor y la tristeza que nos afectan durante las crisis y sucesos que nos golpean en la vida. En la comunión de la oración podemos determinar cuáles son los verdaderos valores y cuáles los muchos falsos que hemos de aplicar a las cosas y a las relaciones de este mundo. La crisis más tremenda ocurre, por lo general, con el problema de la muerte, porque, con una limitada visión de la realidad, nos vinculamos con personas y quedamos perturbados por su brusca y aparente separación final, causada por la muerte. Se requieren los sosegados pensamientos de la oración para ayudar a entender que la muerte no es sino un tránsito entre dos estados de la misma vida y a reacomodar nuestro modo de pensar sobre nuestras diferentes relaciones.

¿A qué llamamos muerte?

Miles de años atrás, Job se preguntaba: *«Cuando un humano expira, ¿dónde está?»*.* Esta pregunta se ha repetido miles

* (N. del T.) Jb 14,10.

de veces desde entonces. La verdad es que no hay muerte en el sentido de desaparición. Dios es vida y esa vida es nuestra vida ahora. Dios no tiene principio ni fin. El hombre, que es manifestación de la vida, no puede morir. El cuerpo tiene principio y fin. De hecho, estamos creando nuevos cuerpos en cada momento del día. El cuerpo es el vehículo para que la vida se manifieste. Cuando el vehículo o el cuerpo ya no es más un instrumento apto, se prescinde de él. El espíritu se viste entonces con un nuevo cuerpo.

La muerte es un principio

La vida es una evolución. El viaje es ir de esplendor a esplendor; marchamos hacia delante, hacia arriba y hacia Dios. Cuando algo termina, algo comienza. En general, admitimos los procesos de renovación, renacimiento y sazón en las estaciones del año para la vida de las aves, de las flores y de los insectos; pero cuando nos referimos a nosotros mismos, nos quedamos como atontados y paralizados por el miedo. Somos tímidos para considerar la muerte y el nacimiento como las dos caras del revestimiento de la vida, que no se ha de temer. En lo fundamental, se trata de la vida en el proceso de cambio. Abandonar algo viejo por algo nuevo es la transacción que se consuma en el proceso llamado muerte.

No hay muertos

«Ésta es la vida eterna: que te conozcan a ti, el único Dios verdadero» (Jn 17,3). Conocer o familiarizarse con el hecho de que Dios es tu vida, tu realidad, es conocer que eres inmortal, lo que significa la continuidad de tu vida individual

para siempre y la expansión en otra morada superior de la casa de nuestro Padre. Tenemos nuestro ser completo en la mente universal de Dios, donde todas las cosas existen y todo lo que permanece en la mente de Dios nunca cesará de ser. Un rosal que florece una vez, florecerá siempre. Tú eres inmortal porque Dios es inmortal.

Cuando la muerte se lleva a los hijos

Una de las pruebas más grandes de carácter y fe en Dios y en la inmortalidad sucede cuando perdemos a seres queridos por lo que el hombre llama muerte. Conversaba con una mujer en un reciente vuelo a Europa. Me contó que había perdido dos hijos en la guerra, uno de diecinueve años y el otro de veinte. La noticia de sus fallecimientos fue al principio un duro golpe y una agonía mental, pero agregó que muy pronto recuperó su compostura, afirmando para sí con serenidad: *«No es un Dios de muertos, sino de vivos, porque para Él todos viven».**

Me miró con un extraño fulgor en los ojos y añadió «¿Sabe lo que sentí?». Pronunció sus palabras con lentitud y con majestuosa calma. «De repente, sentí que una ola de paz interna invadía mi corazón y desapareció todo rastro de tristeza. Supe y sentí que ellos estaban vivos y pude palpar su presencia y amable contacto. Fue una experiencia maravillosa.»

Un nuevo cumpleaños

La mujer continuó explicándome que sus hijos habían sido muy religiosos, llenos de amor, alegría y vitalidad. Y pro-

* (N. del T.) Lc 20,38.

siguió: «Sé que Dios es justo y es bueno; me doy cuenta de que mientras yo siento su ausencia, ellos están construyendo, al mismo tiempo, otro hogar para vivir en una próxima dimensión, donde tendrán nuevos cuerpos y nuevas tareas que realizar. Me pregunté: "¿Cómo puedo ayudarlos?". La respuesta llegó con rapidez: "Reza por ellos". Oré y razoné de la siguiente manera: "Mis hijos me los prestó Dios, la fuente de toda vida y el que reparte todos los dones. Sabía que no podía tener a mis hijos para siempre y que en algún momento me dejarían, se casarían y, quizá, se irían a vivir al extranjero o a otra ciudad. Los amé mientras estuvieron conmigo. Les di todo lo que pude en cuanto a amor, fe, seguridad y confianza en Dios. Mi misión ahora es ayudarles a construir un nuevo hogar e irradiar amor, paz y alegría para ellos. La luz, el amor, la verdad y la belleza de Dios fluyen a su través. Su paz llena sus almas. Gozo de su viaje hacia delante porque la vida es un ascenso. Cada vez que pienso en ellos digo: "Dios está con ellos; todo está bien".».

Esta oración, que repitió varias veces al día durante varias semanas, le concedió a esa mujer un profundo sentimiento de paz y sosiego. Por medio de la oración ayudó a sus hijos y también a sí misma. *«Hay cuerpos celestes y cuerpos terrestres.* [...] *Así también en la resurrección de los muertos»* (I Co 15,40 y 42).

«Aceite de gozo en vez de vestido de luto»*

Dar el *«aceite de gozo en vez de vestido de luto»* se interpreta de este modo: debemos enseñar a todos los hombres que

* (N. del T.) Is 61,3.

nunca deben lamentar ni hacer duelo por los seres queridos que se han ido. Al propagar las virtudes del amor, de la paz y de la alegría sobre los seres queridos que han cruzado esta dimensión para ir a la siguiente, oramos por el ser querido de un modo adecuado. Lo exaltamos en la conciencia. Esto es, en verdad, dar el *«aceite de gozo en vez de vestido de luto»*. Nos regocijamos con el nuevo cumpleaños y sabemos que él está donde está la presencia de Dios. Con Dios presente, no existe la maldad. Para orar por los que llamamos muertos, tenemos que comprender que los seres queridos, que ya han partido, están viviendo en estado de hermosura, alegría y amor; así, pues, los exaltamos porque escuchan nuestras oraciones y, por tanto, éstas son bendecidas. Los hacemos felices con nuestras oraciones sinceras. En vez de sentir que están muertos y que se han ido, y que sus cuerpos yacen donde están las tumbas, con una disposición de ánimo profunda veamos cómo viven en un estado de hermosura indescriptible. Nunca debemos vivir con sentimiento o actitud de ausencia, limitación o pesadumbre.

«Desde lo más profundo»

Conocí a un actor en Nueva York que recibió un telegrama con la noticia de que su esposa y sus tres hijos habían sido asesinados en la India; la comunicación le llegó sólo unos cinco o diez minutos antes de salir a escena. Tenía que cantar, bailar y contar chistes. Me aclaró: «Me forcé a pensar en Dios y en su amor. Sabía que el péndulo de la vida que se había movido hasta ahora hacia la tragedia y la desesperanza en mi existencia, tenía que oscilar muy pronto al extremo opuesto. Clamé a Dios que me diera fuerzas y poder, y que me permitiera ofrecer la mejor representación de mi vida. De algún modo, sentí que esto es lo que hubieran querido mi esposa y mis hijos, mientras las lágrimas corrían por mis mejillas. Me acordé de Dios y le pedí que me ayudara a enjugar mis lágrimas. Ofrecí una oración por mis seres queridos, exclamando: "Hacia las aguas de reposo los conduce"* y su amor está allí con ellos».

El actor me dijo que su corazón estaba roto, pero elevó su voz en un canto espléndido y bailó como nunca lo había hecho antes; el auditorio lo aplaudió a rabiar. Me agregó que fue la mayor emoción de su vida. Sintió a Dios consigo en todo momento. Desde lo profundo de su dolor se obligó a pensar en Dios y en su bondad, y Dios le respondió. Invocó el poder divino, que es lo más grande que conocemos. Éste, de modo admirable, se hizo cargo, lo levantó y le dio la fuerza necesaria. Este hombre volvió sus ojos hacia arriba; buscó una solución. *«Desde lo más profundo grito hacia ti, Yahveh: ¡Señor, escucha mi clamor! ¡Estén atentos tus oídos a la voz de mis súplicas!»* (Sal 130,1-2).

Fiel a sus ideales

Asistí hace poco a un funeral de un hombre que había muerto de repente a los cincuenta años. Sólo tenía una hija de trece años; su esposa había fallecido cuando nació la niña. La adolescente me comentó: «Papá siempre me explicó que la muerte estaba en el curso de la vida, y antes de morir me dijo: "Ruega por mí. Yo siempre rogaré por ti

* (N. del T.) Tomado del Salmo 23, cambiando «me conduce» por «los conduce» (Sal 23,2).

y te cuidaré”.». Por mi parte, estaba sorprendido y complacido de escucharla decir: « Sé que papá ha oído cada una de las palabras que me has dicho; él me ha sonreído. También estoy segura de que no quiere que esté triste, llore o me postre sobre su tumba. Él quiere que yo esté contenta, vaya a la universidad y estudie para ser una buena médica. Sé que esto lo hará muy feliz. No le debo a mi padre lágrimas y tristeza; le debo lealtad, amor y dedicación a las verdades que me enseñó, y llegar a ser alguien por mí misma».

La niña había resuelto en su corazón la tragedia de la muerte, y ésta no le había afectado tanto. Sentía la compañía de Dios, que la confortaba, y tenía, además, el conocimiento espiritual de los principios para una vida feliz y positiva, que son el respeto, el amor, la madurez, la confianza, la amabilidad y un sentimiento de confianza en las leyes divinas y en el amor de Dios por todos sus hijos.

Como esta jovencita, tú puedes superar tu pesimismo, desaliento e infelicidad. Sobreponte a todo esto y compénsalo ahora. Sal de tu hoyo de dolor, pena y soledad, pon el acento en tus cualidades de amor, y reparte tus talentos al mundo. Al mismo tiempo que proyectas estas cualidades, aunque todavía continúes solo y triste, ya estás construyendo otra morada en tu mente en la que habitarás pronto, si no te cunde el desánimo y sigues confiando en Dios, pues *Él nunca te va a fallar.* Soporta tus dificultades actuales mientras oras por tu condición futura por el gran gozo que se te presenta delante de ti.

No hay temor en la muerte

He estado en la cabecera de muchos hombres y mujeres durante su agonía. No he visto a ninguno mostrar algún signo de temor. Instintiva e intuitivamente sienten que están ingresando en una dimensión más amplia de la vida. Alguien escuchó a Thomas Edison, antes de morir, comentar a su médico: «Más allá todo es muy hermoso». Nosotros sentimos una natural nostalgia respecto de nuestros seres queridos cuando ellos abandonan este nivel de la vida. Pero tenemos que aceptar que viven en otra morada de la casa de nuestro Padre y se separan de nosotros sólo en una frecuencia más alta.

Los que llamamos muertos están cerca de nosotros y tenemos que dejar de pensar que están muertos y se han ido. Están vivos con la vida de Dios. Los programas de radio y televisión llenan el cuarto donde estás, aunque no puedes oírlos ni verlos sin un aparato. Hemos caído bajo el encantamiento hipnótico de la muerte, pero cuando dejemos que las escamas de siglos de falsas creencias caigan ante nuestros ojos,* entonces comprenderemos que tenemos una existencia más allá del espacio y del tiempo, tal como los conocemos, y veremos y sentiremos la presencia de todos a quienes ahora llamamos «muertos».

Libera a tus seres queridos

Es poco sensato retener a los seres queridos en tus pensamientos. Asegúrate de dejarlos libres por medio de tus oraciones; déjalos ir. No debemos obstaculizar o restringir de ninguna manera su tránsito con pensamientos me-

* (N. del T.) Alusión, en los Hechos de los Apóstoles, a san Pablo, curado de su ceguera por Ananías, quien le impuso las manos y «al instante cayeron de sus ojos como unas escamas y recobró la vista» (Hech 9,18).

lancólicos, descorazonadores y sombríos. Se merecen tus pensamientos de alegría, paz y amor. Millones de personas alrededor del mundo, de modo intuitivo, saben y sienten que sus seres queridos aún viven, se mueven y tienen su propio ser. Además, han tenido la experiencia muy concreta de la presencia cercana de aquellos a los que quisieron mucho en esta Tierra. Las intuiciones, percepciones y los presentimientos de tus profundidades subliminales, que trascienden tu entendimiento, están continuamente recordándote la inmortalidad y eternidad de tus seres amados.

El Apocalipsis contiene un pasaje muy esclarecedor, inspirado y estupendo que se refiere a la vida y a la muerte. *«Por eso están delante del trono de Dios, dándole culto día y noche en su santuario; y el que está sentado en el trono extenderá su tienda sobre ellos. Ya no tendrán hambre ni sed; ya no les molestará el sol ni bochorno alguno. Porque el Cordero que está en medio del trono los apacentará y los guiará a los manantiales de aguas de la vida. Y Dios enjugará toda lágrima de sus ojos.»*[*] Admite en tu corazón que ellos están alimentados con sabiduría, verdad y belleza. Su sed siempre será saciada con la inspiración que procede de los cielos y serán inundados con el fulgor de la luz infinita.

Una aventura espiritual

Contemplo la muerte como un cumpleaños en la cuarta dimensión, donde vamos de morada en morada en una escala ascendente. Hace dieciséis años sufrí una enfermedad grave y permanecí inconsciente durante tres días. Todo

* (N. del T.) Ap 7,15-17

este lapso estuve fuera de mi cuerpo y hablé con mis parientes, que ya hacía mucho tiempo que se habían ido de la faz de la Tierra; los reconocí con toda claridad. Sabía que tenía un cuerpo, pero era un cuerpo diferente que me permitía pasar a través de puertas cerradas e ir a cualquiera de los lugares donde enseñé, como Londres, París o Bélgica, donde residía mi hermana. Me trasladaba en un instante y podía ver y oír todo lo que sucedía a mi alrededor.

Hablé con amigos y seres muy queridos en la dimensión siguiente, pero no utilizaba lenguaje; todos se comunicaban entre sí por medio del pensamiento. No había limitaciones. Todo parecía estar vivo y no tenía sensación del tiempo. Me sentía libre, eufórico y arrebatado con embeleso. Vi al médico entrar en el cuarto donde yacía mi cuerpo y le escuché que susurraba: «Creo que está muerto». Lo sentí tocando mis ojos y verificando mis respuestas a los estímulos. Yo trataba de decirle que estaba vivo, pero parecía que no se daba cuenta de que estaba allí. Lo toqué y le dije: «Déjame solo. No quiero regresar». Pero no hubo un reconocimiento perceptible de mi tacto y voz. El médico me puso una inyección, que creo que era alguna especie de estimulante cardíaco. Yo estaba furioso, ya que no quería regresar: era todo tan hermoso en ese estado trascendental… Estaba justo disfrutando de mis nuevas amistades y estudios en esa otra dimensión.

La vida me fue restablecida y sentí cómo regresaba a mi cuerpo, fue como entrar en un cuerpo dormido. De repente, todo pareció esfumarse y sentí que estaba en una prisión. Cuando desperté, estaba con un *shock* muy fuerte, sin duda debido a la ira expresada en el cuerpo de la cuarta dimensión, antes de que entrara en mi equivalente de la tercera dimensión. Por lo que puedo saber, experimenté lo que el mundo llama muerte y, según nuestro sentido del tiempo, estuve inconsciente durante setenta y dos horas. Cuando nos dicen que estamos «muertos», sólo estamos actuando en un nivel superior.

¿Dónde está la cuarta dimensión?

Estamos ahora viviendo en la cuarta dimensión. En realidad, estamos viviendo en todas las dimensiones porque vivimos en Dios, que es infinito. Tus seres queridos, que ya se han ido, continúan sus vidas justo donde nosotros estamos, pero con una frecuencia o vibración más alta. Es factible tener un ventilador en tu cuarto que gire a una velocidad tan grande que sus aspas te parecen invisibles. Del mismo modo, podemos enviar 50 voces diferentes por cable y la razón por la que no interfieren entre sí es por sus diferentes frecuencias. Los programas de radio y televisión no se interfieren ni colisionan entre sí debido a su diferente longitud de onda. Nosotros somos capaces de penetrar dentro de todos los planos; nuestro viaje va siempre hacia delante, hacia arriba y hacia Dios.

Y así junto al mar silencioso,
espero con el remo enfundado;
ningún daño de Él puede provenir
en el océano o en la orilla.
No sé dónde emergen sus islas
con las hojas de palma al aire;
sólo sé que no puedo ir a la deriva
lejos de su amor y cuidado.

WHITTIER

Nuestro nacimiento no es sino dormir y olvidar;
el alma que amanece con nosotros, estrella de nuestras
[vidas,
ha tenido en otro lugar su escenario,
viene de muy lejos;
ni en completo olvido,
ni en total desnudez,
mas surcando nubes de gloria venimos de Dios que es
[nuestra morada.

WORDSWORTH

Junto a un sombreado muro un rosal una vez creció.
Brotó y floreció a la libre luz de Dios
regado y alimentado con el rocío matutino,
esparciendo su dulzura día y noche
mientras crecía bello y esbelto,
lentamente se elevó lanzado a la altura,
alcanzando una grieta en el muro,
por la que se filtraba un rayo de luz.
Hacia arriba con más fuerza trepó
nunca con un pensamiento de orgullo o temor,
la luz persiguió a lo largo de la hendidura
expandiéndose por el otro lado.
La luz, el rocío, la más amplia visión,
como eran antes así los encontró,
y se sintió perdido ahora en nueva belleza,
respirando su fragancia cada vez más.
¿Nos causará el reclamo de la muerte dolor
y logrará que desfallezca o decaiga nuestro valor?
¡No! Reaccionemos con fe y esperanza,
el rosal aún está creciendo más allá del muro.

Desparrama su fragancia por doquier,
tal como lo hizo en otros tiempos,
tal como lo hizo en el otro lado

Anónimo

Nunca el Espíritu nació
y nunca cesará de ser;
nunca hubo tiempo;
fin y principio son sueños.
Sin nacimiento ni muerte ni forma
permanece el Espíritu eterno;
en absoluto le toca la muerte,
aunque casa de muertos parezca.
No, sino como alguien
que desecha su vestido gastado,
y dice, poniéndose nuevas ropas,
«¡Éstas me pondré hoy!»
Por el Espíritu vistió así
su ropaje de carne con ligereza,
y pasó a heredar
un renovado hogar.

*The Song Celestial**

* (N. del T.) Anónimo: Bhagavad-gita o Canto celestial, traducción de la versión inglesa de sir Edwin Arnold del siglo XIX, que es la versión incluida en este libro. Hay numerosas ediciones en español del Bhagavad-gita, entre otras la de Hastinapura, Buenos Aires, 2004.

Índice

¿Desea enviarnos algún comentario sobre TÉCNICAS TERAPÉUTICAS DE LA ORACIÓN?

Esperamos que haya disfrutado con la lectura y que este libro ocupe un lugar especial en su biblioteca particular. Dado que nuestro principal objetivo es complacer a los lectores de nuestros libros, nos sería de gran utilidad recibir sus comentarios, enviando esta hoja por correo, fax o e-mail a:

EDICIONES OBELISCO
Pere IV 78, 3° 5ª
08005 Barcelona (ESPAÑA)
Fax: (34) 93-309-85-23
e-mail: comercial@edicionesobelisco.com

✍ Comentarios o sugerencias:

✍ ¿Qué le llamó más la atención de este libro?

✍ ¿Quiere recibir un catálogo de nuestros libros (válido sólo para España)? ☐SI ☐ NO

✍ ¿Quiere recibir nuestra agenda electrónica de actividades?
☐SI ☐ NO

Si quiere recibir NUESTRA AGENDA ELECTRÓNICA de actividades con conferencias, talleres y eventos, además del boletín con las nuevas publicaciones, puede darse de alta automáticamente en nuestra web ***www.edicionesobelisco.com*** y facilitarnos sus datos en el apartado *Suscríbase*.

Nombre y apellidos:
Dirección:
Ciudad: C.Postal:
Provincia/estado: País:
Teléfono: E-mail:

¡Gracias por su tiempo y colaboración!